100 tolle Weihnachtsgeschenke

selbst gemacht

HEIDI GRUND-THORPE

100 tolle Weihnachtsgeschenke

selbst gemacht

Weltbild

Inhalt

Vorwort

Vielen bereitet der erste Schokoladen-Nikolaus in den Geschäften und Auslagen alljährlich größten Stress. Er erinnert uns nicht nur daran, dass Weihnachten nicht mehr weit ist, sondern auch, dass Geschenke für die Familie und für Freunde ausgesucht werden müssen.

Natürlich ist es ganz einfach, im Laden auf einen Schlag alles zu kaufen, was man braucht; das ist jedoch meist sehr teuer. Etwas aufwändiger an Zeit und Arbeit, aber auch viel preisgünstiger und vor allem individueller sind selbst gemachte Weihnachtsgeschenke.

Die vorgestellten 100 Weihnachtsgeschenke sollen Ihnen nicht nur die Auswahl der Präsente erleichtern, sie sind auch mit einem Preislimit von 20,00 DM herzustellen, einige liegen sogar darunter. Der Zeitaufwand beim Basteln, Kochen und Malen ist sehr unterschiedlich; es sind auch Geschenke für die sprichwörtlich letzte Minute dabei.

Ich hoffe, dass Sie unter der Vielzahl an Vorschlägen für Ihre Lieben etwas finden, aber natürlich auch, dass es Ihnen Spaß macht, die Vorschläge umzusetzen. Lassen Sie sich zu eigenen Kreationen anregen, denn dadurch wird Ihr Geschenk mit Sicherheit noch origineller.

Heidi Freund-Thorpe

GESCHENKE AUS DER KÜCHE

Herbe Mandeltrüffel

Das brauchen Sie

- 100 g Vollmilch-Kuvertüre
- 100 g Halbbitter-Kuvertüre
- 60 g Amarena-Kirschen
- 50 g Amaretti (Mandelmakronen)
- 125 g weiche Butter
- 125 g Puderzucker
- 50 ml Amaretto (Mandellikör)
- 40 g Kakaopulver

Die Trüffel zerschmelzen auf der Zunge, der feine Mandelgeschmack unterstreicht den Hochgenuss. Die Zubereitung ist ganz einfach und problemlos.

So wird's gemacht

Vollmilch- und Halbbitter-Kuvertüre zerkleinern und im Wasserbad schmelzen. Die Kuvertüre abkühlen, aber nicht fest werden lassen.

Die Amarena-Kirschen in einem Sieb abtropfen lassen und fein hacken; die Kekse in einer Plastiktüte zerbröseln.

Butter und Puderzucker mit dem Handrührer schaumig schlagen. Kuvertüre unterrühren, den Amaretto, 20 Gramm Kakao, die Kirschen und die Amaretti untermischen. 30 Minuten kalt stellen.

Die Masse wie eine Wurst auf Backpapier geben und eine 50 Zentimeter lange Rolle formen. 1,5 Zentimeter breite Scheiben schneiden, diese zu Kugeln rollen. Die Kugeln in dem Kakao wälzen.

Die Trüffel zwischen Pergamentpapier in einer Dose stapeln und kühl stellen.

Marzipan-Polentapralinen

Das brauchen Sie

- 125 ml Milch
- 100 g Marzipan-Rohmasse
- 100 g Polenta
- 5 Esslöffel Amaretto
- 50 g Pistazienkerne
- 150 g Halbbitter-Kuvertüre

Eine ungewöhnliche Zusammenstellung, die ein außergewöhnliches Geschmackserlebnis bietet. Die Pralinen eignen sich auch als kleines Dessert.

So wird's gemacht

Die zerkleinerte Marzipan-Rohmasse in kochende Milch geben. Mit dem Schneebesen so lange verrühren, bis sie aufgelöst ist. Polenta hineinschütten und verrühren. Fünf Minuten quellen lassen, dabei ständig rühren. Den Amaretto dazugeben und auskühlen lassen. 30 Pistazien beiseite legen, den Rest sehr fein hacken und unter die Polenta mischen. Die Hände mit Polenta bestäuben und 30 Kugeln formen.

Kuvertüre temperieren. Die Kugeln mit einer Gabel eintauchen, abtropfen lassen und mit einer Pistazie garnieren.

Weiße Marzipanigel

Die stacheligen Igel erfordern etwas mehr Zeitaufwand, aber der feine Geschmack entschädigt für die Mühe. Die angegebene Menge reicht für etwa 35 Stück.

So wird's gemacht

Die Rosinen in 100 Milliliter Cognac 20 Minuten einweichen und dann so lange einkochen, bis die Flüssigkeit fast verdampft ist. Die Zartbitter-Schokolade mit einem Messer zerkleinern.

Das Marzipan in kleine Stücke schneiden und den restlichen Cognac dazugeben. Mit den Knethaken des Handrührers gut vermischen. Die Rosinen und die gehackte Schokolade gut untermischen.

Die Hände mit Puderzucker bestäuben und aus der Masse etwa 30 glatte Häufchen formen. Jedes der Häufchen mit mehreren Mandelsplittern spicken. Die Häufchen 30 Minuten kalt stellen.

Die Häufchen auf eine Gabel spießen und in die flüssige Kuvertüre tauchen. Die Mandeln und die Masse müssen dabei vollständig bedeckt werden. Die Kuvertüre abtropfen lassen und die Igel auf das Backpapier legen.

Ist der Überzug fest, die Igel vorsichtig zwischen Pergamentpapierlagen in Dosen stapeln.

Die Igel halten sich an einem kühlen Ort ungefähr drei bis vier Wochen.

Das brauchen Sie

- 100 g Rosinen
- 125 ml Cognac
- 200 g Haselnuss-Schokolade (zartbitter)
- 400 g Marzipan-Rohmasse
- 30 g Puderzucker zum Bearbeiten
- 40 g Mandelsplitter
- 600 g weiße Kuvertüre

Der himmlische Tipp

Zum Verschenken stecken Sie die Leckereien in Pralinenförmchen aus Papier. Die Pralinen sortiert oder gemischt in Spanschachteln legen, die in Pastellfarben bemalt oder mit Japanpapier beklebt sind.

Appetitlich mit Pralinenförmchen verpackt präsentieren sich die Mandeltrüffel in der rosa Dose, die grüne beinhaltet die Polentapralinen, und die Marzipanigel werden mit Herz verschenkt.

Schalotten-Relish

Das brauchen Sie

- 600 g Schalotten
- 2 Zweige frischer Estragon
- 400 g Orangen
- 1 halbe Zitrone
- 250 g brauner Zucker
- 1 Teelöffel Meersalz
- 175 ml Weißweinessig
- 1 Prise Zimt
- 1 Teelöffel Currypulver
- 1 Prise Senfpulver

Das süß-saure Relish ist eine Ergänzung zu gebratenem Putenschnitzel, aber auch zu kaltem Bratenaufschnitt vom Schwein und Rind.

So wird's gemacht

Die Schalotten schälen und fein hacken. Den Estragon waschen, die Blättchen abzupfen und fein hacken. Die Orangen und die Zitrone schälen, dabei die weiße Haut mit abschneiden. Das ausgelöste Fruchtfleisch der Orangen und Zitronen in sehr kleine Würfel schneiden.

Die Schalotten, Orangen- und Zitronenwürfel mit Estragon, Zucker, Meersalz, Essig und den Gewürzen in einen Topf geben und aufkochen. Das Relish bei mittlerer Hitze eine Stunde leise köcheln lassen, bis es dickflüssig ist.

Mit Salz und Senfpulver abschmecken und in heiß ausgespülte Gläser füllen. Die Gläser sofort verschließen.

Zucchini-Paprika-Pickles

Das brauchen Sie

- 2 kg kleine Zucchini
- 1 kg rote und gelbe Paprika
- 1 kg Zwiebeln
- 1 l Wasser
- 1 Flasche Gurkenessig
- 0,5 l Apfelsaft
- 200 g Zucker
- 4 Teelöffel Salz
- 2 Teelöffel Curry
- 2 Teelöffel Senfkörner
- 2 Teelöffel Dillspitzen
- Saft von 2 Zitronen

Süß-sauer eingelegtes Gemüse können Sie zu verschiedenen Gelegenheiten servieren, als Vorspeise, als Beilage zu Fleisch oder für ein kaltes Büffet.

So wird's gemacht

Die Zucchini längs vierteln und in ungefähr 3 Zentimeter lange Stücke schneiden. Die Paprika achteln, jedes Achtel in drei Stücke teilen. Die Zwiebeln schälen und halbieren, die Hälften in Streifen schneiden.

Die übrigen Zutaten in einem großen Topf miteinander vermischen und aufkochen. Die zerkleinerten Zucchinistücke, Paprika und Zwiebeln dazugeben und in fünf Minuten bissfest kochen. Heiß in Gläser füllen und zuschrauben.

Die Pickles halten sich etwa ein halbes Jahr.

Die Relish-Gläser sind mit Engelshaar verhüllt und einer Kugelkette umwickelt, ein vergoldeter Engel hat Platz auf dem mit Lorbeerblättern beklebten Deckel der Pickles genommen.

Spritziger Limoncello

Das brauchen Sie

- ★ 6 ungespritzte Zitronen
- ★ 450 g Zucker
- ★ 0,6 l 95-prozentigen Alkohol
- ★ 1 l Wasser

Verblüffend einfach sind die Zutaten und noch einfacher ist die Herstellung des Likörs. Dafür ist der Geschmack umso überwältigender.

So wird's gemacht

Die ungespritzten Zitronen mit einem Messer schälen, dabei möglichst wenig weiße Haut abschneiden.

Den Zucker mit dem Wasser kochen, bis er vollständig aufgelöst ist. Die Zitronenschalen in eine Schüssel mit Deckel legen, die zwei Liter fasst. Mit dem Zuckerwasser und dem Alkohol übergießen. Nach vier Tagen die Schale herausnehmen und den Likör in Flaschen füllen.

Der himmlische Tipp

Für diese dekorative Geschenkverpackung färben Sie Holzwolle mit Goldfarbe aus der Spraydose. Einen Spankorb vom Gemüsehändler mit der Holzwolle auspolstern und die Flasche hineinlegen. Eine Spirale aus Zitronenschale oder eine Zitrone dazustecken und mit goldener Kordel umwickeln.

Espresso- und Teelikör

Gerade in der kalten Jahreszeit ist ein Gläschen Likör zur Kaffee- oder Teezeit sehr willkommen. Sie können ihn pur oder mit Kaffee oder Tee vermischt trinken.

Das brauchen Sie

Espressolikör

- 2 Vanilleschoten
- 250 g Zucker
- 125 ml starker Espresso
- 0,5 l Wodka oder weißer Rum
- 0,5 l Wasser

Teelikör

- 50 g grüner Tee
- 125 ml Wasser
- 1,5 l Korn (32 %)
- 175 g Zucker
- 1 l Wasser

So wird's gemacht

Espressolikör

Die Vanilleschoten aufschlitzen. Mit dem Zucker und Wasser unter Rühren zum Kochen bringen. 15 Minuten kochen lassen, bis die Flüssigkeit leicht dicklich wird. Vom Herd nehmen und abkühlen lassen.

Espresso und weißen Rum unter den Sirup mischen. Den Likör in eine dunkle Flasche füllen und vier Tage an einem dunklen, warmen Ort ziehen lassen.

Teelikör

Die Teeblätter mit 80 Grad heißem Wasser aufbrühen und vier Minuten ziehen lassen, danach die Teeblätter absieben. Anschließend den Korn dazugeben und über Nacht ziehen lassen. Den Korn-Tee durch einen Kaffeefilter gießen.

Zucker und Wasser 10 bis 15 Minuten zu Sirup einkochen. Zuckersirup und Korn-Tee mischen und in Flaschen füllen. Die Mischung fünf Tage ziehen lassen und durchgesiebt in eine dekorative Flasche umfüllen.

Der himmlische Tipp

Die Flasche für den Teelikör hat ein geprägtes Spiralmuster, das mit Glitter aus der Tube nachgemalt ist. Der Glitter wird normalerweise für Stoff oder Papier verwendet, auf Glas trocknet er in etwa einer halben Stunde. An der Öse des Korkens ist eine lange Kette befestigt, die um die Flasche gewickelt und mit Abständen immer wieder am Korken eingehängt wird. Solche Ketten erhalten Sie in Bastelläden.

Klassische Linzer Torte

Das brauchen Sie

- 200 g Zucker
- 250 g gemahlene Mandeln
- 200 g Mehl
- 1 gehäufter Teelöffel Kakaopulver
- 1 Teelöffel gemahlener Zimt
- 1 Päckchen Vanillezucker
- 1 Messerspitze gemahlene Gewürznelken
- 1 Ei
- 1 Schnapsglas Kirschwasser
- 250 g Butter
- 300 g Himbeer- oder Johannisbeer-Marmelade
- Butter und Semmelbrösel für die Form
- Pieform mit 24 cm Durchmesser

Die Torte wird nach zwei bis drei Tagen richtig saftig und der Geschmack der Gewürze intensiver. Sie können sie daher als Geschenk wunderbar vorbereiten.

So wird's gemacht

Die Pieform ausfetten und mit Semmelbröseln bestreuen.

Zucker, Mandeln, Mehl, Kakaopulver, Zimt, Vanillezucker und Nelkenpulver miteinander vermischen. Mit dem Ei, dem Kirschwasser und der in Stücke geschnittenen Butter verkneten und zugedeckt 1 Stunde im Kühlschrank ruhen lassen.

Zwei Drittel des Teiges ausrollen. Den Boden der Pieform auslegen und einen 2 Zentimeter hohen Rand formen. Den restlichen Teig ausrollen und in Streifen schneiden.

Teigboden mit der Marmelade bestreichen und die Teigstreifen gitterförmig darüber legen. Die Streifen mit verquirltem Eigelb bestreichen.

Den Kuchen auf der zweiten Schiene von unten bei 180 Grad 1 Stunde backen.

Zum Verschenken eine breite Schleife umbinden.

Kiwi-Ananas-Marmelade

Ungewöhnlich und interessant ist die Zusammenstellung der exotischen Marmeladensorten. Sie schmecken auf dem Brot sowohl vermischt als auch einzeln vorzüglich.

So wird's gemacht

Die Kiwis schälen und in kleine Würfel schneiden. Mit den Kokosflocken und dem Gelierzucker in einem großen Kochtopf vermischen. Das Gemisch aufkochen lassen, die Kochzeit richtet sich nach den Herstellerangaben auf dem Zuckerpäckchen.

Die Schale von einer halben Orange dünn abschälen, dabei das weiße Häutchen nicht mit abschneiden. Die Schale in feine Streifen schneiden.

Die geputzte Ananas in feine Würfelchen hacken. Saft, Orangenschale und Ananas mit dem Zucker vermischen und kochen. Die Kochzeit auf der Zuckertüte ablesen.

Heiß ausgespülte Gläser bereitstellen und zuerst etwa 2 Zentimeter hoch Kiwi-Marmelade einfüllen. Etwas abkühlen lassen und dann vorsichtig die Ananas-Marmelade darüber gießen; die beiden Marmeladesorten dürfen sich nicht vermischen. So lange im Wechsel einschichten, bis die Gläser voll sind. Mit Deckeln sofort fest verschließen und im Kühlschrank aufbewahren.

Das brauchen Sie

Kiwi-Marmelade

- 600 g Kiwi
- 300 g Gelierzucker 2:1
- 2 Esslöffel Kokosflocken

Ananas-Orangen-Marmelade

- 300 g Orangensaft
- Schale von einer halben ungespritzten Orange
- 300 g Ananas
- 300 g Gelierzucker 2:1

Der himmlische Tipp

Schneiden Sie aus Karton kleine Schildchen, die Sie beschriften und mit einigen Ornamenten verzieren. Mit dem Locher ein Loch einknipsen. Aus kariertem Stoff mit der Zackenschere Kreise ausschneiden, die rundum 5 Zentimeter größer als der Marmeladendeckel sind. Stoffkreise über die Gläser legen und mit Satinband umwickeln. In ein Ende das Schild einknoten.

Pinienplätzchen

Das brauchen Sie

- 100 g Pinienkerne
- 250 g Mehl
- 50 g Zucker
- 2 Päckchen Vanillezucker
- 150 g Butter oder Margarine
- 1 Eigelb
- Mehl zum Ausrollen

- 75 g Puderzucker
- 1 Eiweiß
- 120 g Pinienkerne
- 1 Esslöffel Puderzucker zum Bestreuen

Zieht der Duft von selbst gebackenen Plätzchen alljährlich durchs Haus, weiß jeder, dass Weihnachten nicht mehr weit ist.

So wird's gemacht

Die Pinienkerne in einer Pfanne ohne Fett vorsichtig goldbraun rösten, dabei an der Pfanne immer wieder rütteln, damit sich die Kerne nicht am Boden festsetzen. Sie dürfen nicht anbrennen, sonst schmecken die Kerne bitter. Abkühlen lassen und anschließend mit dem Blitzhacker oder in der Mühle fein mahlen.

Alle Zutaten für den Teig in eine hohe Schüssel geben. Zuerst mit den Knethaken des Handrührers, dann mit den Händen zu einem glatten und geschmeidigen Teig verkneten. Ist der Teig noch etwas klebrig, mehr Mehl zufügen. Abgedeckt im Kühlschrank mindestens 1 Stunde kalt stellen.

Etwas Mehl auf die Arbeitsfläche streuen und den Teig 3 Millimeter dick mit der Teigrolle ausrollen. Mit einer beliebigen Plätzchenform den Teig ausstechen. Die Formen auf ein mit Backpapier ausgelegtes Backblech legen.

Für das Baiser den Puderzucker durchsieben. Eiweiß zu steifem Schnee schlagen und den Puderzucker langsam dazugeben. Baiser bis an den Rand auf die Plätzchen streichen und locker mit den Pinienkernen bestreuen oder in einer bestimmten Anordnung belegen.

Die Plätzchen im vorgeheizten Backofen bei 175 Grad (Umluft 150 Grad, Gas Stufe 2) 15 bis 20 Minuten backen; sie sollen dabei aber nicht braun werden.

Die Plätzchen erkalten lassen und in Dosen mit dazwischengelegtem Pergamentpapier stapeln; sie halten sich kühl gestellt ungefähr sechs bis acht Wochen.

Die liebevoll zubereiteten und verzierten Leckereien verlocken zum Zugreifen. Der bunten Mischung aus Vollkornplätzchen mit den Marmeladenaugen, den Pinienplätzchen mit Baiser und den Bärentatzen aus dunklem Teig mit Pistazien kann kaum jemand widerstehen.

Vollkornplätzchen

Auch Kekse aus Vollkornmehl können schmecken. Dass sie nicht so süß wie viele andere sind, ist gerade in der Weihnachtszeit ein Vorteil.

So wird's gemacht

Die Zitrone heiß abspülen und trocknen. Die Hälfte der Zitronenschale fein abreiben und mit dem Mehl, mit der Butter, dem Zucker, Salz und dem Ei in eine Schüssel geben. Zu einem glatten Teig verkneten und 1 Stunde im Kühlschrank kalt stellen. Den Teig zu kirschgroßen Kugeln rollen und auf ein Blech legen, das mit Backpapier bedeckt ist. In die Mitte jeder Kugel eine tiefe Mulde drücken. Etwas Hagebuttenmus mit einem kleinen Löffel hineingeben. Die Teigkugeln im vorgeheizten Backofen auf der mittleren Schiene bei 175 Grad (Umluft 150 Grad, Gas Stufe 2) ungefähr 10 Minuten backen.

Das brauchen Sie

- 1 unbehandelte Zitrone
- 300 g Vollkornmehl (Dinkel und Weizen)
- 200 g Butter
- 100 g brauner Rohrzucker
- 1 Prise Salz
- 1 Ei
- 200 g Hagebuttenmus

Süße Bärentatzen

Das brauchen Sie

- 250 g Butter
- 250 g Zucker
- 1 Päckchen Vanillezucker
- 3 Eier
- 250 g Mehl
- 50 g Kakao

- 100 g Johannisbeer-Marmelade
- 100 g halbbittere Kuvertüre
- 100 g Puderzucker
- 1 Eiweiß
- 100 g gehackte Pistazien

Abbildung siehe Seite 19

Die Plätzchen sind sehr schnell gebacken, die Dekoration der Kekse ist etwas aufwändiger. Aber Sie werden sehen, dass sich die Mühe lohnt.

So wird's gemacht

Die Butter und den Zucker mit dem Handrührer schaumig rühren. Vanillezucker und die Eier dazugeben und weiterrühren, bis die Masse cremig wird. Mehl mit dem gesiebten Kakao vermischen und unter die Ei-Zucker-Creme rühren.

Ein Backblech mit Backpapier auslegen. Kleine Teighäufchen mit etwas Abstand zueinander auf das Papier setzen und bei 175 Grad (Umluft 150 Grad, Gas Stufe 2) 15 Minuten backen.

Nach dem Erkalten der Plätzchen je zwei Hälften mit Johannisbeer-Marmelade zusammenkleben. Die doppelten Plätzchen dicht nebeneinander auf das Blech legen, die Kuvertüre schmelzen und mit einer feinen Lochtülle Streifen aufspritzen. Nach dem Erkalten der Kuvertüre Eiweiß schaumig schlagen und mit Puderzucker vermischen. Im rechten Winkel zu den Kuvertürestreifen die Eiweißglasur aufspritzen. Fein gehackte Pistazien darüberstreuen und fest werden lassen.

Verpackung

Die kleinen Papiertüten lassen sich ganz einfach und ohne großen Aufwand selber machen. Sie brauchen eine kleine Schachtel oder ein Taschenbuch, je nachdem, wie groß die Tüte für die Plätzchen werden soll. Schneiden Sie aus Geschenk- oder Packpapier ein Rechteck, das etwa 3 Zentimeter länger als der Buchumfang und 6 Zentimeter höher als das Buch ist. An der oberen Querkante das Papier 2 Zentimeter auf die linke Seite falten und festkleben. Diese Kante bündig an die obere Buchkante anlegen und das Papier fest um das Buch wickeln, dabei die senkrechten und unteren Kanten des Buches scharf falten. Die überstehenden 3 Zentimeter aufkleben. Die Unterseite wie beim Verpacken eines Päckchens falten und gut aufeinander kleben. Das Buch aus dem Papier herausziehen. Mit einem Locher in die oberen Taschenkanten Löcher knipsen; durch diese Löcher Kordeln für die beiden Henkel einfädeln und verknoten.

Birnen in Rotwein

Der würzige Geschmack der Birnen mit Zimt und Nelken passt vorzüglich in die Weihnachtszeit. Sie schmecken zu Wild, aber auch als Dessert mit Vanilleeis.

So wird's gemacht

Die Birnen schälen, dabei den Stiel nicht abschneiden. In Hälften schneiden und mit einem Kugelausstecher das Kerngehäuse herausstechen. Die Birnen in ein Schraubglas oder eine Schüssel mit Deckel legen.

Den Rotwein in einen Topf gießen und mit dem Johannisbeer-Gelee vermischen. Dabei am besten so lange mit einem Schneebesen rühren, bis sich das Gelee aufgelöst hat. Nelken, Pfefferkörner und die Zimtstange dazugeben. Die Schale der unbehandelten Zitrone fein reiben und zusammen mit dem Zucker unterrühren.

Das Gemisch langsam erhitzen, dabei immer wieder mit dem Schneebesen rühren, bis sich der Zucker vollständig aufgelöst hat. Einmal kurz aufkochen lassen und sehr heiß über die Birnen gießen.

Einige Tage durchziehen lassen. Die Birnen halten sich im Kühlschrank in einem fest verschlossenen Behälter mehrere Wochen lang.

Das brauchen Sie

- 1 Flasche Rotwein
- 1 Glas Johannisbeer-Gelee
- 2 Nelken
- 5 Pfefferkörner
- 1 Zimtstange
- 1 unbehandelte Zitrone
- 80 g Zucker
- 8 reife Birnen

Der himmlische Tipp

Doppelte Freude bereitet das Geschenk, wenn Sie die Birnen in ein schönes Glas mit fest verschließbarem Deckel füllen. Wickeln Sie das Glas in ein kleines Deckchen mit Weißstickerei, den Knoten halten Sie mit einem dünnen Goldperlenband zusammen.

Pikantes Kaninchenrillette

Das brauchen Sie

- 1 Kaninchen, ca. 1,4 kg schwer
- 500 g roher Schweinebauch
- 250 fetter Speck
- 4 Knoblauchzehen
- 2 Zwiebeln
- 1 Möhre
- 2 rote Chilischoten
- 1 Esslöffel Meersalz
- frisch gemahlener schwarzer Pfeffer
- 5 Lorbeerblätter
- 1 Bund Thymian
- 125 g Gänseschmalz
- 100 ml trockener Weißwein

Von dieser köstlichen Schlemmerei hat man länger etwas, denn das Rillette hält sich im Kühlschrank ungefähr zwei Monate.

So wird's gemacht

Das Kaninchen in kleinere Stücke zerteilen. Den rohen Schweinebauch von der Schwarte schneiden und in 1 Zentimeter große Würfel schneiden. Den fetten Speck etwas kleiner würfeln. Knoblauchzehen, Möhren und Zwiebeln schälen und halbieren. Die Chilis waschen und putzen und ebenfalls halbieren.

Den Backofen bei 150 Grad vorheizen. Alle Zutaten in einen großen Schmortopf geben und den Wein angießen. Bei 180 Grad im Backofen auf dem mittleren Rost ungefähr sechs bis sieben Stunden garen, bis sich das Fleisch von selbst von den Knochen löst, dabei gelegentlich umrühren.

Den Inhalt des Topfes in ein großes Sieb schütten, dabei eine Schüssel darunter stellen. Das Sieb öfter rütteln und die Masse mit einem Kochlöffel durchrühren, damit sich der Fleischsaft und das Fett absetzen. Das Fleisch mit zwei Gabeln gut zerpflücken und die Knochen herausnehmen. Das Fleisch wieder in den Schmortopf schütten. Nun vom abgetropften Fett in der Schüssel vier Schöpflöffel beiseite stellen.

Vom übrigen Fett etwa 300 Milliliter unter das zerpflückte Fleisch mischen und die Masse unter ständigem Rühren noch einmal erhitzen. 10 Minuten kochen lassen, bis die Masse geschmeidig ist.

Die Masse in Gläser oder Töpfchen aus Keramik füllen und gut festdrücken, damit keine Luftlöcher entstehen. Luftblasen lösen sich auch durch Aufstoßen des Behälters auf die Arbeitsfläche. Mit dem beiseite gestellten Fett die Oberfläche etwa 1 Zentimeter hoch begießen. Die Gläser fest verschließen und im Kühlschrank aufbewahren.

Das würzige Kräuterschmalz wird in einem innen glasierten Tontöpfchen aufbewahrt. Verschenken Sie das Kaninchenrillette in einem traditionell glasierten Keramiktopf; das Lachsrillette ist im Einmachglas mit Bügelverschluss luftdicht aufbewahrt.

Deftiges Kräuterschmalz

Sauerteigbrot mit Schmalz ist ein beliebter Snack für zwischendurch, aber auch Ergänzung für ein deftiges Büffet. Stellen Sie immer Pfeffermühle und Salz dazu.

So wird's gemacht

Den Schweinebauch erst in Scheiben, dann in sehr kleine Würfel schneiden. Nun die Zwiebel und den Apfel schälen und das Kerngehäuse entfernen. Beides fein würfeln.

Den Schweinebauch in einen Topf geben und bei schwacher Hitze unter Rühren etwa 20 Minuten garen, bis er glasig ist.

Die gewürfelten Zwiebel- und Apfelstücke dazugeben und weitere 10 Minuten garen, bis die Fettstücke knusprig sind.

Die gewaschenen Kräuter fein hacken. Zusammen mit den Pfefferkörnern zu dem Schmalz geben und nochmals 10 Minuten garen. Salzen und in Töpfchen füllen. Verschließen und bis zu 3 bis 4 Monaten kühl lagern.

Das brauchen Sie

- 800 g fetter, roher Schweinebauch
- 200 g Zwiebeln
- 1 säuerlicher Apfel
- 1 Zweig frischer Salbei
- 2 Zweige frischer Majoran
- 1 Bund Thymian
- 1 Esslöffel eingelegte grüne Pfefferkörner
- Salz

Ergibt 2 Gläser mit je 0,5 l Inhalt

Feines Lachsrillette

Das brauchen Sie

- 300 g frisches Lachsfilet
- 200 g weiche Butter
- 4 Esslöffel Weißweinessig
- 300 g Räucherlachs
- 1–2 Esslöffel Kapern aus dem Glas
- 1 Bund frischer Dill
- 1 ungespritzte Zitrone
- Weißer Pfeffer aus der Mühle
- Meersalz

Abbildung siehe Seite 23

Dieses ungewöhnliche Rillette eignet sich als Vorspeise zusammen mit getoastetem Weißbrot für ein weihnachtliches Schlemmermenü.

So wird's gemacht

Das Lachsfilet sorgfältig mit einem scharfen Filetiermesser häuten. Natürlich erledigt das auch der Fischhändler für Sie. Sind danach noch Gräten im Filet, diese mit einer Pinzette aus dem Lachsfilet herausziehen.

Den Lachs mit einem scharfen Messer zuerst in Streifen schneiden, dann würfeln und anschließend durch Hacken sehr fein zerkleinern.

Einen Esslöffel Butter in einem Topf schmelzen, aber nicht braun werden lassen, und den Lachs darin anbraten. Den Essig dazugeben und 10 Minuten kochen lassen, bis der Fisch zerfällt.

Den Räucherlachs ganz fein hacken oder im Mixer pürieren. Die Kapern mit dem Messerrücken oder einem Mörser fein zerdrücken. Den Dill waschen und fein hacken. Von der Zitrone die Hälfte der Schale dünn abschneiden und sehr fein hacken. Eine halbe Zitrone auspressen und den Saft auffangen.

Den gegarten Lachs etwas abkühlen lassen, anschließend mit dem Räucherlachs und 150 Gramm Buttter verkneten. Die Kapern, den Dill und die Zitronenschale darunter mischen. Die Masse mit dem Pfeffer und etwas Zitronensaft abschmecken, und nach eigenem Geschmack vorsichtig salzen, denn die Masse hat schon einen leicht salzigen Eigengeschmack.

Das Rillette in heiß ausgewaschene Gläser füllen und glatt streichen, dabei die Luftblasen durch Aufstoßen auf die Tischplatte lösen. Die restliche Butter zerlassen, jedoch nicht braun werden lassen. Auf der Oberfläche des Rillettes verteilen und kalt werden lassen. Die Gläser verschließen und im Kühlschrank aufbewahren.

Das Lachsrillette hält sich im Kühlschrank luftdicht verschlossen ungefähr zwei Wochen, es eignet sich auch bestens als Beitrag zu einem Silvesterbüffet. Dann sollten sie das Rillette in eine schöne Schüssel füllen, und am Rand mit frischen Dillzweigen und Zitronenachteln garnieren. Frisches Weißbrot schmeckt ganz köstlich dazu.

Der himmlische Tipp

Zum Verschenken wickeln Sie die Gläser in ein schönes Küchenhandtuch oder Geschirrtuch. Das Glas in die Mitte des Tuches stellen und das Tuch darüber zusammenfassen. Mit einer passenden Schleife umbinden, unter die Schleife einen frischen oder getrockneten Kräuterzweig stecken.

Mango-Tomaten-Chutney

Das Chutney, das seinen Ursprung in Indien hat, lässt sich mit vielen Zutaten aus dem Garten variieren und schmeckt lecker zu warmen oder kalten Gerichten.

Das brauchen Sie

- 500 g reife Mango
- 500 g reife Tomaten
- 3–4 Knoblauchzehen
- 2 frische grüne Chilischoten
- 1 Stück frischer Ingwer
- 50 getrocknete, ungeschwefelte Aprikosen
- 150 g Zucker
- 125 ml Weißweinessig
- Salz

So wird's gemacht

Die Tomaten mit kochendem Wasser überbrühen und häuten, die Mango schälen.

Tomaten und Mango zerkleinern, dabei die Stielansätze entfernen. Knoblauch schälen und fein hacken. Die Chilischoten putzen und in 1 Zentimeter große Stücke zerteilen, den Ingwer schälen und in feine Scheiben schneiden. Die Aprikosen fein würfeln.

Gemüse, Obst und Gewürze mit dem Essig und Zucker vermischen und salzen. Alles etwa 1 Stunde bei schwacher Hitze kochen, bis das Chutney sämig ist.

Heiß in Gläser füllen und luftdicht verschließen.

Lebkuchenhäuschen

Das brauchen Sie

- ★ 500 g Honig
- ★ 500 g brauner Zucker
- ★ 300 g Butter oder Margarine
- ★ 100 g Mandeln
- ★ 1 kg Mehl
- ★ 3 Teelöffel Lebkuchengewürz
- ★ abgeriebene Schale einer Zitrone
- ★ 50 g Kakao
- ★ 2 Eier
- ★ 2 Teelöffel Pottasche
- ★ 3–4 Esslöffel Rum oder Wasser

- ★ 400–500 g Puderzucker
- ★ Saft einer Zitrone

- ★ Mehl zum Ausrollen
- ★ Karton
- ★ Schere
- ★ Lineal
- ★ Bleistift
- ★ Pergamentpapier

Der himmlische Tipp

Der Teig hält sich im Kühlschrank mehrere Tage, Sie können ihn daher gut vorbereiten.

Das Knusperhäuschen der Hexe im Märchen von Hänsel und Gretel kennt jedes Kind, dieses kleine Lebkuchenhaus weckt die Erinnerung daran.

So wird's gemacht

Den Honig mit dem Zucker und der Butter oder Margarine in einen Topf geben und unter Rühren erhitzen, bis sich der Zucker aufgelöst hat. Vom Herd nehmen und in eine große Schüssel umfüllen. Die Masse erkalten lassen.

Die Mandeln, 400 Gramm Mehl, alle Gewürze und die Eier zur Honigmischung geben. Die Zutaten mit dem Knethaken des Handrührers gründlich durchkneten.

In einer kleinen Schüssel die Pottasche und den Rum oder das Wasser so lange verrühren, bis sich die Pottasche vollständig aufgelöst hat. Diese Mischung unter den Teig kneten. Den Teig so lange weiterkneten, bis er glänzt und nicht mehr klebt. Falls der Teig zu weich ist, etwas Mehl dazugeben.

Die Schüssel abdecken oder den Teig in Klarsichtfolie wickeln und über Nacht in den Kühlschrank legen. Die Giebelseite auf einen Karton aufzeichnen. Die Dachschräge in 10 Zentimeter Höhe ab Unterkante anzeichnen und ausschneiden. Die Seitenteile als Streifen mit 10 x 30 Zentimeter, die Dachflächen rechteckig in 24 x 33 Zentimeter Größe zuschneiden.

Den Teig auf der bemehlten Arbeitsfläche portionsweise ca. 5 Millimeter dick ausrollen. Die Schablonen aus Karton auflegen und den Teig mit einem scharfen Messer ausschneiden. Die Teile des Hauses auf das Backblech legen, dann erst die Haustüren und Fenster herausschneiden. Für die Fensterkreuze einen Streifen backen, der gleich nach dem Backen noch warm zurechtgeschnitten wird. Vier gleich große Rechtecke für den Kamin zuschneiden, die Dreiecke zum Aufsetzen auf dem Dachfirst werden nach dem Backen herausgeschnitten. Dafür den Karton mit dem Dachgiebel mittig mit der Spitze auf zwei Rechtecke auflegen und herausschneiden.

Mehrere Bäumchen mit einem Backförmchen ausstechen und ebenfalls backen.

Alle Teile im vorgeheizten Backofen bei 180 Grad in der Mitte ungefähr 20 Minuten

backen. Die fertig gebackenen Teile auf dem Blech für kurze Zeit abkühlen lassen, dann auf dem Gitter kalt werden lassen.

Vier je 5 x 16 Zentimeter große Streifen aus Karton quer falten, für die Bäumchen kleinere Streifen schneiden.

Den Puderzucker mit wenig Zitronensaft glatt rühren, bis eine sehr dicke und zähflüssige Masse entsteht. Mit der Mischung die Kanten der Seitenwände und Giebelseiten bestreichen, ebenso die Flächen der Pappwinkel. Diese zum Stabilisieren in die Innenecken des Hauses und als Füße an die Bäumchen kleben. Bis alles fest ist, Schachteln oder Dosen gegen die Wände stellen.

Die Kanten der Giebel bestreichen und die Dachflächen aufsetzen, dann den Kamin, die Fensterkreuze und Türen ansetzen. Zum Schluss alles mit Zuckerguss verzieren. In den Kamin Watte stecken. Hinter die Fenster Pergamentpapier kleben und durch eine Tür eine Lichterkette oder eine einzelne Glühbirne in das Haus legen.

Untergrund und Häuschen mit Puderzucker bestreuen.

Der himmlische Tipp

Möchten Sie das Häuschen bunt verzieren, benötigen Sie zusätzlich Gummibärchen, Smarties, Liebesperlen oder Zuckerblüten. Diese werden mit einem Zuckergusstupfer auf den Lebkuchenteig aufgeklebt.

Würzige Kräuteröle

Das brauchen Sie

- 1 l kalt gepreßtes Olivenöl
- 6 Rosmarinzweige
- 4 Chilischoten
- 10 Pfefferkörner
- 10 Knoblauchzehen
- 4 Thymianzweige
- 4 Lorbeerblätter
- 2 Halbliterflaschen mit Korken

Die aromatisierten Öle eignen sich für Salate und Carpaccios. Beim Braten würde das kaltgepresste Öl viele wertvolle Inhaltsstoffe verlieren.

So wird's gemacht

Die Knoblauchzehen schälen und mit dem Messer zerdrücken. Je zur Hälfte in die Flaschen füllen. In jede Flasche die Hälfte der Kräuter mit Ausnahme der Chilischoten stecken. Diese werden nur in eine Flasche zu den übrigen Kräutern dazugegeben. Die Kräuter mit dem Öl übergießen und die Flaschen mit dem Korken verschließen. Etwa eine Woche kühl und dunkel gestellt durchziehen lassen; dann hat das Öl den Geschmack der verschiedenen Kräuter und Gewürze angenommen.

Der himmlische Tipp

Über die Korken Japanpapier legen und mit Satinband umwickeln. Mit einem kleinen Engel oder Weihnachtsschmuck in Gemüseform verzieren.

Badeöl und Handcreme

Die Schönheitsmittel lasen sich ganz leicht selbst herstellen, die reinen Zutaten aus der Natur garantieren eine optimale und pflegende Wirkung.

So wird's gemacht

Badeöl
Alle Ingredienzen in eine saubere und trockene Flasche füllen und durch Schütteln miteinander vermischen. Zum Baden unter den aufgedrehten Heißwasserhahn 1 Teelöffel des Öls gießen.

Handcreme
Mandelöl, Bienenwachs und die Kakaobutter im Wasserbad schmelzen. Den Topf aus dem Wasserbad nehmen und unter ständigem Rühren erkalten lassen.

Die Kräuteröltropfen erst dann unterrühren, wenn die Creme erkaltet ist.

Das brauchen Sie

Badeöl
- ★ 4 Teile Mandelöl
- ★ 1 Teil Thymianöl
- ★ 1 Teil Weinbrand

Handcreme
- ★ 60 ml Mandelöl
- ★ 12 g Bienenwachs
- ★ 10 g Kakaobutter
- ★ 5–10 Tropfen Pfefferminzöl
- ★ Je 5 Tropfen Kamille- und Lemongrasöl

HANDARBEITEN UND BASTELN

Damen- und Herrenschal

Das brauchen Sie

Damenschal

- Je 0,30 m schwarzer Organza und anthrazitfarbener Pannesamt mit Stickerei, 140 cm breit

Herrenschal

- Je 0,30 m dunkelbrauner Wollvelours und gemusterte Krawattenseide, 140 cm breit
- 0,60 m dunkelbraune Fransenborte aus Wolle

Abbildung siehe Seite 30

Der himmlische Tipp

Als Materialien eignen sich alle weichen und fließenden Stoffe; die Seide können Sie auch durch gemusterte Viskose ersetzen. Soll der Herrenschal besonders exklusiv werden, nehmen Sie anstelle des Wollvelours Kaschmir. Erhalten Sie keinen Pannesamt mit Perlenstickerei, können Sie die Perlen auch selbst aufsticken.

Ein eleganter Schal, farblich auf die Jacke oder den Mantel abgestimmt, ist im Winter nicht nur ein modisches Accessoire, er schützt auch vor Wind und Wetter.

So wird's gemacht

Damenschal

Die Streifen aus Organza und Pannesamt rechts auf rechts aufeinander legen und mit Stecknadeln aufeinander stecken, dabei darauf achten, dass sich der Organza nicht verzieht.

Die Schnittkanten rundum 1 Zentimeter breit mit der Nähmaschine steppen, dabei an einer Längsseite einen 10 Zentimeter breiten Schlitz zum Wenden offen lassen.

Die Kanten mit engem Zickzackstich dicht neben der Nahtlinie zusammenfassen, die Kanten des Schlitzes in gleicher Breite einzeln versäubern. Die Nahtzugaben bis dicht an die Zickzacklinie zurückschneiden. Schal durch den Schlitz wenden.

Den offenen Schlitz mit der Hand mit unsichtbaren Stichen zusammennähen.

Die Kanten des Schals mit einem Bügeleisen und einem dazwischen gelegten Bügeltuch vorsichtig ausbügeln. Danach bei Bedarf Stabperlen auf die Pannesamtseite aufsticken.

Herrenschal

Die Fransenborte in zwei je 30 Zentimeter lange Abschnitte schneiden. Die Enden der Borte schmal umschlagen und mit einigen Handstichen festnähen.

Die Streifen aus Wollvelours und Krawattenseide rechts auf rechts entlang der Schnittkanten mit Stecknadeln aufeinander stecken. Dabei die Fransenborte an den Schmalseiten zwischen die beiden Stofflagen legen, die Fransen sind zur Schalmitte gerichtet. Die Fransenborte mit den Stecknadeln fixieren und die beiden Schmalseiten heften. Am besten die seitlichen Fransen mit einigen Nadeln so feststecken, dass sie nicht bis zur Seitennaht rutschen können.

Den Schal 1 Zentimeter breit aufeinander steppen, dabei einen 10 Zentimeter langen Schlitz an einer Längskante zum Wenden offen lassen. Den Schal wenden und die Kanten bügeln, dabei die offenen Schlitzkanten 1 Zentimeter breit nach innen legen. Den Schlitz mit Handstichen verschließen. Die Kanten des Schals bügeln.

Häkelschal für Teenies

Teenies und Twens lieben diesen flauschigen Schlingenschal, denn T-Shirt und Pullover erhalten damit den letzten modischen Schliff.

Das brauchen Sie

- 100 g dicke dunkelgraue Bouclèwolle
- Dicke Häkelnadel
- Starker Karton, 30 x 10 cm

So wird's gemacht

Mit der Häkelnadel die erste Masche häkeln. Den Kartonstreifen in die linke Hand nehmen und die erste Häkelmasche an die obere Kante auf der rechten Seite des Kartons halten. Den Faden um den Karton herum von hinten nach vorne legen, mit der Häkelnadel auffangen und eine feste Masche häkeln. Immer weiter auf diese Weise häkeln, bis der Streifen vollständig bedeckt ist.

Die Schlingen bis auf die letzte vom Karton abstreifen und wieder wie bei der ersten Masche beginnen. So lange weiterhäkeln, bis der Schal 160 Zentimeter lang ist. Wollanfang und -ende mit einigen Handstichen festnähen.

Luxuriöses Unterkleid

Das brauchen Sie

- 0,90 m roséfarbene Seide oder Viskose, 140 cm breit
- 1,20 m weiße Spitze, 7 cm breit
- Nähfaden in Rosé
- Schnittpapier

Luxus pur ist dieses Unterkleid, dessen Oberteil auch unter einem Blazer hervorblitzen darf.

So wird's gemacht

Den Schnitt als Rechteck auf Schnittpapier aufzeichnen, die Längen der Seitenkanten werden durch die Addition der einzelnen Maße des Schnittteils bestimmt. Dabei ein Geodreieck zu Hilfe nehmen. Entlang der Kanten des Rechtecks die Maße der Schnittzeichnung antragen. Die Punkte mit Geraden bzw. gerundet miteinander verbinden und die Schnittteile entlang der Konturen ausschneiden.

Vorder- und Rückenteil je einmal im Bruch mit 1 Zentimeter Nahtzugabe an den Seiten- und Oberkanten, mit 2 Zentimeter Nahtzugabe am Saum zuschneiden, die BH-Teile zweimal mit jeweils 1 Zentimeter Nahtzugabe an der unteren und ohne Nahtzugabe an der oberen Kante zuschneiden. Für die Träger werden je zwei 6 x 46 Zentimeter große Streifen inkl. der Nahtzugaben benötigt.

Die Spitze so auf ein BH-Teil legen, dass die bogige Kante der Spitze mit der oberen und vorderen Mittelkante abschließt. Die Spitze dicht am oberen Rand aufstecken. Beim Trägeransatz eine Falte legen, sodass die Spitze flach auf dem BH-Teil aufliegt. Die Unterkante der Spitze ebenfalls feststecken, beide Kanten mit der Falte anschließend heften. Zweites Teil genauso vorbereiten.

Die Spitze auf das Rückenteil stecken. Die Spitze an Rücken- und BH-Teilen mit schmalen Zickzackstichen neben der unteren Kante aufsteppen, die Seide dahinter bis dicht an die Zickzackkante wegschneiden. Die Falte in den BH-Teilen mit dem gleichen Stich aufeinander steppen, die Spitze dahinter dicht bis zur Naht wegschneiden.

Die Abnäher in den BH-Teilen nähen und zur Seitennaht bügeln. Die BH-Teile rechts auf rechts auf das Vorderteil legen, die obere Kante des Spitzenbesatzes trifft genau mit der Mitte des Vorderteils zusammen. BH und Vorderteil 1 Zentimeter breit zusammennähen. Kanten versäubern und bügeln.

Vorder- und Rückenteil rechts auf rechts aufeinander legen und die Seitennähte nähen, versäubern und ausbügeln. Die Saumkante zweimal je 1 Zentimeter auf die linke Seite bügeln und schmalkantig steppen.

Die Träger längs rechts auf rechts legen und 1 Zentimeter breit steppen. Träger wenden und bügeln. An den mit x bezeichneten Stellen im Vorderteil unter die Spitze und im Rückenteil unter den Seidenstoff nähen, zusätzlich mit wenigen Stichen an der Spitzenkante darüber fixieren.

Bleibt Ihnen noch etwas Stoff übrig, nähen Sie als Geschenkverpackung eine Wäschetasche aus dem gleichen Material. Dafür einen etwa 20 x 45 Zentimeter langen Streifen an den Querkanten zweimal je 1 Zentimeter umschlagen und feststeppen. Den Streifen entlang der Längskanten dritteln und die Unterteilungen mit Kreide markieren. Das untere Drittel nach oben klappen, das obere Drittel darüberlegen. Die Seitennähte steppen und die Tasche wenden.

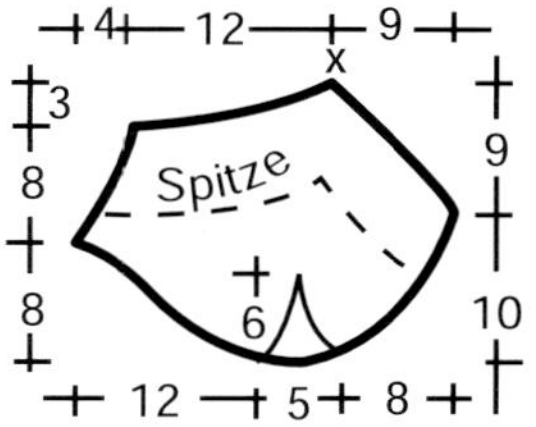

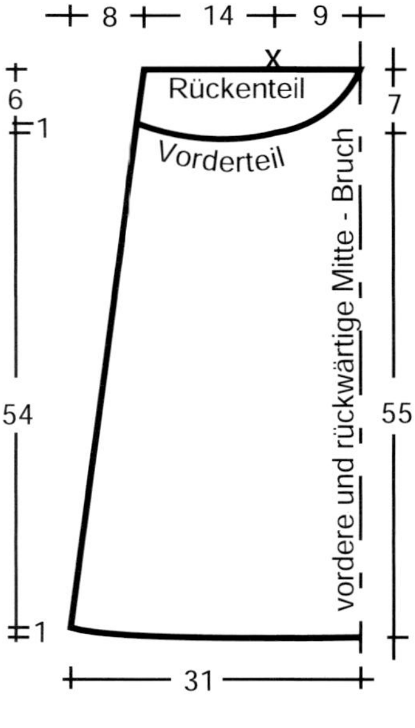

Originelle Boxershorts

Das brauchen Sie

- 0,75 m Baumwollstoff mit Weihnachtsdruck, 140 cm breit
- 1,50 m Wäschegummiband, 1 cm breit
- Nähfaden
- 2 Knöpfe

Eine witzige und originelle Idee, die gute Laune macht und Farbe in das eintönige Wäscheeinerlei bringt.

So wird's gemacht

Die Schnittteile vergrößern, wie auf Seite 34, 1. Absatz, beschrieben; die Angaben vor dem Schrägstrich betreffen Größe 46, dahinter Größe 50.

Vorder- und Rückteil je zweimal zuschneiden, dabei an allen Kanten 1 Zentimeter, an den Saumkanten 2 Zentimeter Nahtzugaben dazugeben. Den Untertritt extra aufzeichnen und dreimal zuschneiden. Einen Stoffstreifen von 8 x 108 Zentimetern für Größe 46 bzw. 8 x 116 Zentimetern für Größe 50 inklusive Nahtzugaben als Bund zuschneiden.

Zwei Zuschnitte für den Untertritt rechts auf rechts aufeinander legen und an der gebogenen Kante 1 Zentimeter breit aufeinander steppen. Entlang der Rundung mehrmals im rechten Winkel zur Naht bis dicht an die Naht einschneiden. Wenden und bügeln, die offenen Schnittkanten mit Zickzackstich aufeinander nähen.

Den Untertritt rechts auf rechts auf das rechte Vorderteil legen und bis zum Querstrich nähen. Die Nahtzugaben zur Seitennaht gerichtet bügeln und schmal absteppen. Den dritten Untertritt rechts auf rechts auf das linke Vorderteil legen und bis zum Querstrich nähen. Auf die linke Seite klappen und schmalkantig entlang der vorderen Mitte absteppen. Zwei Knopflöcher einsticken und aufschneiden.

Vordere und rückwärtige Hosenteile rechts auf rechts legen und entlang der Seitennähte nähen, dabei an der unteren Hosenkante einen 4 Zentimeter breiten Schlitz lassen. Die Kanten des Schlitzes 1 Zentimeter breit, die Saumkanten zweimal 1 Zentimeter breit auf die linke Seite bügeln. Schmal und 0,8 Zentimeter breit feststeppen. Die beiden Hosenteile rechts auf rechts ineinander stecken und die Mittelnaht bis zur vorderen Quermarkierung nähen.

Eine Längskante des Hosenbundes beidseitig 1 Zentimeter breit auf die linke Stoffseite bügeln und wieder auffalten. Die Querkanten des Hosenbundes rechts auf rechts legen und 4,5 Zentimeter schließen, den Rest offen lassen. Bund rechts auf rechts auf die Hose nähen, zur Innen-

seite kippen und 1 Zentimeter breit eingeschlagen dicht neben dem Bruch auf der linken Seite feststeppen. Neben dem oberen Bruch und 1,5 Zentimeter breit absteppen.

In diese beiden Tunnel mit einer Sicherheitsnadel den Hosengummi auf Taillenweite einziehen; mit einigen Handstichen zum Ring schließen. Knöpfe unter die Knopflöcher auf den Untertritt nähen.

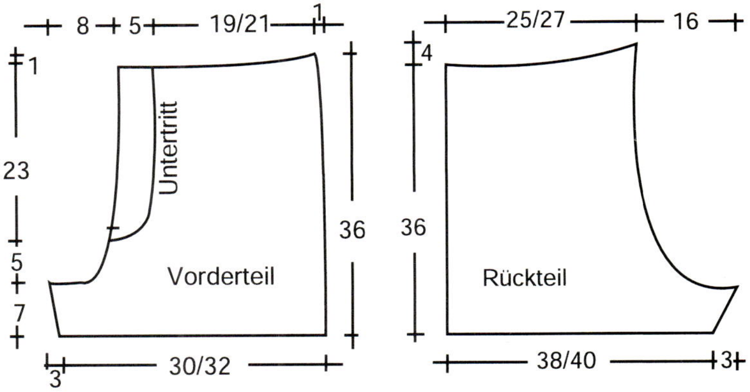

Kuschlige Filzpantoffeln

Das brauchen Sie

Größe 38 bis 42
- 300 g naturfarbene, unversponnene Schafwolle
- Reste von farbiger, unversponnener Schafwolle
- Feste Strumpfwolle in passender Farbe
- Alte Bademattte aus Stroh oder Rest einer alten Gardine
- Spülmittel
- Heißes Wasser

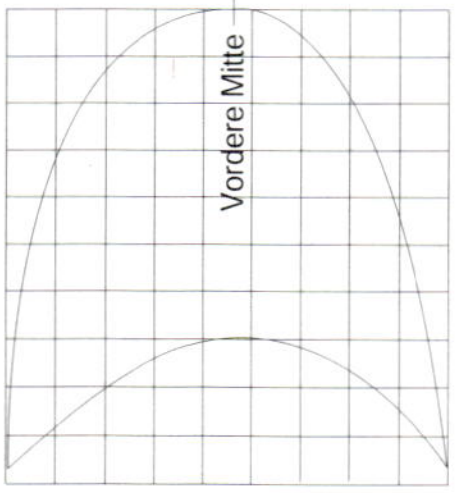

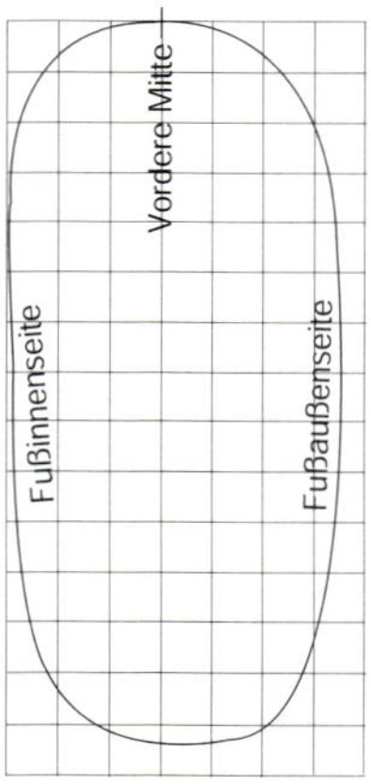

Warm, weich und anschmiegsam aus selbst gewalktem Filz sind die Pantoffeln, damit der Winter auch mit Minustemperaturen kommen kann.

So wird's gemacht

Den Pantoffelschnitt mit einem 2 x 2-Zentimer-Raster vergrößern.

Die naturfarbene Wolle zerzupfen und als 50 x 40 Zentimeter großes Rechteck dünn auf der Bademattte oder der Gardine auslegen. Die Schafwollbüschel sollen in einer Richtung flach nebeneinander liegen. Die nächste Lage Wolle im rechten Winkel zur ersten Lage auflegen. Insgesamt fünf bis sechs Lagen Wolle im Richtungswechsel auflegen, die letzte Lage mit farbiger Schafwolle gestalten.

Bademattte oder Gardine vorsichtig über die oberste Wolllage legen, von der Seite her zusammenrollen. Spülmittel aufspritzen und mit sehr heißem Wasser übergießen. Die Rolle mit den Händen kneten, drehen und rollen, dabei öfter Spülmittel und heißes Wasser aufgießen. Ist der Filz fest genug, trocknen lassen.

Die Schnittteile je zweimal zuschneiden. Die vordere Kante der Pantoffelkappe mit Festonstich umsticken, dann die Kappe auf die Sohle legen und beides im Festonstich zusammennähen. Abschließend die Sohle umsticken.

Elegante Schuhbeutel

So können Sie Ihre Schuhe in jeden Koffer legen und brauchen keine zusätzliche Tasche. Das Nylonfutter auf der Innenseite lässt sich mit einem feuchten Tuch reinigen.

Das brauchen Sie

- Je 0,35 m Anzug- und Nylonstoff, 140 cm breit
- 1,0 m Kordel in passender Farbe
- Nähfaden
- Anorakstopper

So wird's gemacht

Für den Innen- und Außenbeutel je 35 x 86 Zentimeter inkl. 1 Zentimeter Nahtzugabe zuschneiden.

Die Stoffrechtecke rechts auf rechts legen und entlang der Schmalseiten 1 Zentimeter breit aufeinander steppen. Den Stoffring so übereinander legen, dass die Quernähte aufeinander liegen. 2 Zentimeter über- und unterhalb der Quernähte die Nahtzugaben beider Stofflagen 1 Zentimeter breit feststeppen. Im Anschluss an die Naht den Beutel rundum bis zur gesteppten Nahtzugabe zusammennähen.

Durch diesen 4 Zentimeter breiten Schlitz den Schuhbeutel wenden und anschließend den Futterbeutel in den Stoffbeutel stecken. Die Nähte mit einem feuchten Bügeltuch ausbügeln.

Mit 2 Zentimeter Abstand zur oberen Kante einen Tunnel durch Stoff- und Futterbeutel steppen. Die Kordel einziehen und den Anorakstopper auffädeln.

Kulturbeutel für die Reise

Das brauchen Sie

- 0,30 m schwarzer Nylonstoff, 140 cm breit
- 2,10 m dunkelrotes Schrägband
- 2,10 m Kordel mit 0,5 cm Durchmesser
- 40 cm langer Reißverschluss

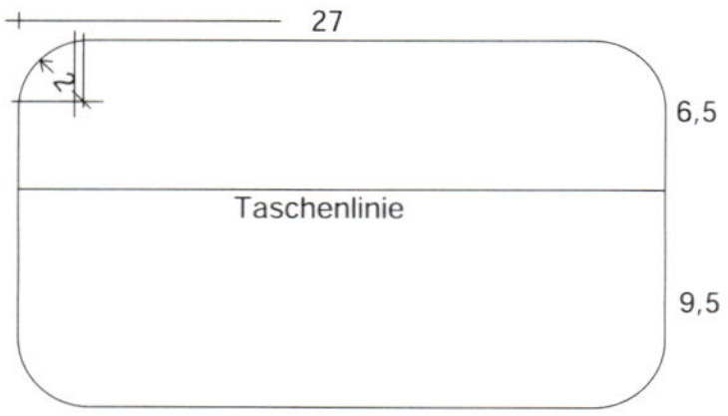

Dieser praktische Kulturbeutel, der alle wichtigen Utensilien für unterwegs aufnimmt, eignet sich sowohl für die Dame als auch für den Herrn.

So wird's gemacht

Den Schnitt, wie auf Seite 34 beschrieben vergrößern und ausschneiden.

Die Seitenteile viermal, die Tasche einmal mit je 1 Zentimeter Nahtzugabe zuschneiden. Für die Streifen neben dem Reißverschluss viermal je 6 x 42 Zentimeter und den Bodenstreifen zweimal je 9 x 42 Zentimeter inklusive Nahtzugaben zuschneiden.

Das Schrägband längs aufeinander legen, in den Bruch die Kordel schieben. Dicht daneben mit dem Reißverschlussfuß als Keder steppen.

Keder rechts auf rechts auf die Taschenoberkante legen und mit dem Reißverschlussfuß aufnähen. Nahtzugaben nach links kippen und dicht neben der Naht absteppen. Tasche auf einem Seitenteil mit Nadeln feststecken.

Je zwei der Reißverschlussstreifen mit dazwischengelegtem Reißverschluss aufeinander legen. Bänder am Reißverschluss festnähen und auseinander klappen. Dicht neben den Zähnchen steppen, die andere Reißverschlussseite genauso arbeiten.

Die schmalen Seitenkanten des Bodenstreifens rechts auf rechts auf die oben liegenden Reißverschlussbänder nähen. Die Beutelseitenteile beidseitig rechts auf rechts auf die Bänderkanten stecken, dabei den Keder zwischenfassen. Nähte mit dem Reißverschlussfuß steppen. Tasche wenden. Die Futterseitenteile auf den Bodenstreifen nähen. Die Kanten der Futtertasche 1 Zentimeter breit einschlagen. Futter über die umgedrehte Tasche stecken und von Hand entlang der offenen Kanten festnähen.

Täschchen mit Glamour

Ein schlichtes Kleid oder ein Hosenanzug wird mit der Paillettentasche wirkungsvoll für den Abend im Theater oder in der Oper aufgepeppt.

So wird's gemacht

Für die Außen- und Futtertasche aus Baumwollsatin je zwei Teile 24 x 20 Zentimeter groß, für die Henkel zwei Streifen 5 x 32 Zentimeter groß zuschneiden. Paillettenstoff in 20 x 42 Zentimeter Größe zuschneiden.

Den Magnetverschluss mittig mit 3 Zentimeter Abstand zur Oberkante auf zwei Taschenteilen einschlagen.

Die Streifen für die Henkel längs rechts auf rechts legen und 1 Zentimeter breit steppen. Henkel wenden und bügeln. Die Paillettenbordüre auf die Henkel aufnähen.

Je zwei Teile aus Baumwollsatin rechts auf rechts legen und entlang der langen Kanten 1 Zentimeter breit steppen. Für den Boden die Seitennaht deckungsgleich rechts auf rechts auf die Bodennaht legen. Dadurch ergibt sich ein Dreieck. Dieses Dreieck mit 1,5 Zentimeter Abstand zur Spitze im 45-Grad-Winkel quer absteppen. Spitze bis 1 Zentimeter vor die Naht wegschneiden. Die übrigen Bodenecken genauso nähen.

Die oberen Kanten der Innen- und Außentasche 1 Zentimeter breit auf die linke Seite bügeln. Die Innentasche links auf links in die Außentasche stecken, dabei liegen die Seitennähte übereinander. Die Kanten schmalkantig aufeinander steppen und die Henkel mit 2,5 Zentimeter Abstand zu den Seitennähten zwischenfassen.

Den Paillettenstreifen zum Ring schließen und die Kanten versäubern. Die offenen Kanten 1 Zentimeter breit umschlagen, von Hand auf der Außentasche aufnähen.

Das brauchen Sie

- 0,20 m Paillettenstoff, 90 cm breit
- 0,30 m schwarzer Baumwollsatin
- 0,60 m einreihige Paillettenbordüre
- Magnetverschluss für Taschen

Der himmlische Tipp

Anstelle des Paillettenstoffes können Sie auch Stoff mit aufgedruckten Pailletten verwenden oder jedes andere glänzende Material wie zum Beispiel Silberlamé.

Babyschühchen aus Samt

Das brauchen Sie

- 0,15 m schwarzer Samt
- 0,15 m dünnes Volumenvlies zum Aufbügeln
- 8 grüne oder rote Ösen
- 0,7 m grünes Schrägband aus Satin
- 1 m rot-grün kariertes Schleifenband
- Nähfaden

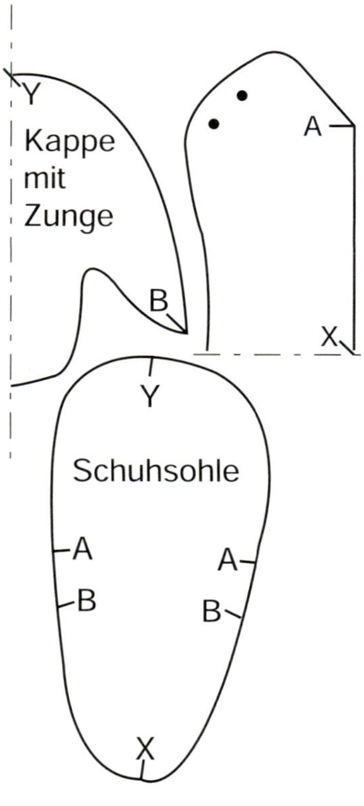

Auch die Kleinsten lieben es, fein gemacht mit den Großen zu feiern. Samt und Satin sind die richtigen Materialien dafür.

So wird's gemacht

Die Schnittteile mit dem Kopierer auf 200 Prozent vergrößern, dann diese Teile ausschneiden.

Die Ferse zweimal im Bruch, die Zunge mit der Kappe und die Sohle je zweimal aus Samt zuschneiden, dabei an den Sohlenkanten und der Kappe bis zur Zunge (Querstrich) immer 1 Zentimeter Nahtzugabe dazugeben, die übrigen Kanten ohne Zugabe zuschneiden. Alle Teile aus Volumenvlies ohne Nahtzugabe zuschneiden, Volumenvlies aufbügeln.

Um die oberen Kanten der Ferse und die Zungenkanten bis zum Querstrich das Schrägband eingeschlagen aufstecken und schmalkantig feststeppen. Die Ösen an eingezeichneter Stelle einschlagen. Ferse und Kappenteil rechts auf rechts auf die Sohle legen, dabei die Ansatzpunkte beachten. Rundum 1 Zentimeter breit aufnähen. Schuh wenden und Schleifenband einziehen. Zweiten Schuh genauso arbeiten.

Wärmendes Kinderset

Auch für Nähanfänger eignet sich ein Set aus Mütze, Handschuhen und Schal, es ist außerdem in Kürze fertig gestellt.

Das brauchen Sie

- 0,50 m Vliesstoff, 140 cm breit
- 2 Anorakbündchen
- Label zum Aufnähen

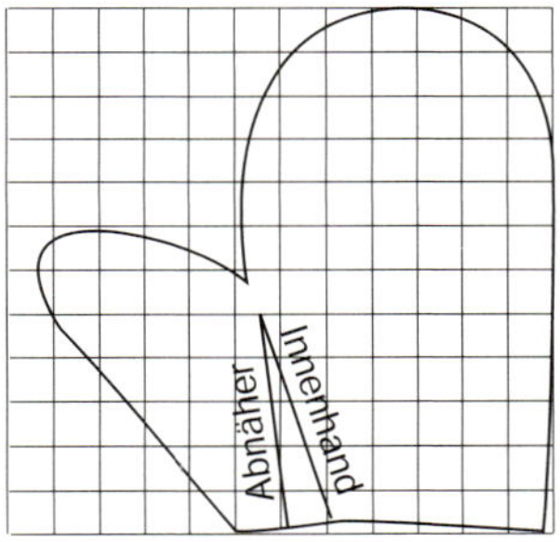

So wird's gemacht

Die Mütze, wie auf Seite 34 beschrieben, vergrößern, die Handschuhe mit einem 1-Zentimeter-Raster vergrößern.

Den Schal 15 x 120 Zentimeter groß zuschneiden. Alle Teile mit 1 Zentimeter Nahtzugaben an den Seiten, den Mützensaum mit 4 Zentimeter Zugabe zuschneiden. Die Mütze zweimal im Bruch, die Fäustlinge viermal zuschneiden, dabei an den Innenteilen die Abnäher markieren.

Mützenteile rechts auf rechts legen und aufeinander nähen. In den Ecken die Nahtzugaben einschneiden, an den Spitzen wegschneiden. Mütze wenden. Den Saum 4 cm breit umbügeln und mit leichtem Zickzackstich aufsteppen. Das Label in der vorderen Mitte aufnähen.

Auf den inneren Seiten der Handschuhe die Abnäher nähen. Den Stoff bis dicht an die Naht wegschneiden und mit engem Zickzackstich versäubern. Handschuhe rechts auf rechts legen und 1 Zentimeter breit aufeinander nähen. Das Anorakbündchen rechts auf rechts über die Handschuhkante stecken und festnähen.

Den Schal rundum mit Zickzackstich versäubern.

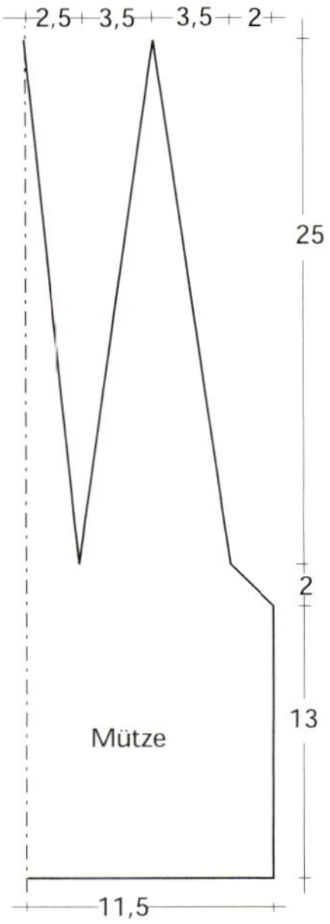

Bäriger Rucksack

Das brauchen Sie

- 0,40 m beiger Webpelz, 140 cm breit
- Rest von braunem Webpelz
- 1 Hand voll Nylonwatte
- 2 Tieraugen
- 0,80 m Kordel
- 0,80 m Gurtband
- Schwarzer Filzstift
- Nähfaden

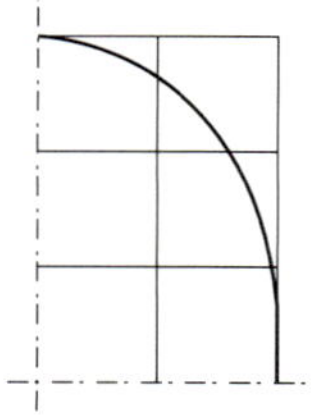

Es gibt so viele Kleinigkeiten, die immer griffbereit dabei sein müssen. Viel leichter wird die Last, wenn der Bär beim Tragen hilft.

So wird's gemacht

Für den Kopf und die Pfoten ein 2-Zentimeter-Raster aufzeichnen. Kopf mit Schnauze und Ohren und die Pfoten in das Raster übertragen. Teile aus Papier ausschneiden.

Aus Webpelz für den Beutel 54 x 36 Zentimeter zuschneiden. Die Ohren und Pfoten je zweimal aus braunem und beigem Webpelz, die Schnauze einmal aus braunem Webpelz, den Kopf zweimal aus beigem Webpelz mit 1 Zentimeter Zugabe zuschneiden.

Die Augen von Hand auf den Kopf aufnähen, vorher mit Nadeln fixieren, um die richtige Lage herauszufinden. Die Schnauze mit engem Zickzackstich rundum aufsteppen, dabei die Nylonwatte dazwischen stecken. Ein Dreieck mit Filzstift als Nase aufmalen.

Je ein helles und dunkles Ohren- und Pfotenteil rechts auf rechts legen und aufeinander steppen. Bei den Pfoten einen Schlitz zum Wenden offen lassen; Pfoten wenden und den Schlitz von Hand verschließen. Kopfteile rechts auf rechts legen, dabei die Ohren an den entsprechenden Stellen dazwischen legen. Mit einem Schlitz zum Wenden aufeinander steppen. Kopf mit den Ohren wenden und den Schlitz zunähen.

4 Zentimeter unterhalb der Längskante mittig in das Beutelteil ein senkrechtes Knopfloch mit der Nähmaschine einsticken, das Knopfloch aufschneiden.

Die senkrechten Kanten rechts auf rechts legen und 1 Zentimeter breit nähen. Die Naht in die Mitte legen und die untere Quernaht schließen; den Beutel wenden. Die obere Kante 4 Zentimeter auf die linke Seite klappen und 3 Zentimeter breit feststeppen. Durch das Knopfloch eine Kordel einziehen.

Den Kopf von Ohr zu Ohr mit der Hand an der Beutelkante mittig festnähen. Das Gurtband zur Hälfte legen, unterhalb der Tunnelnaht mittig auf der Rückseite festnähen, die Enden an den unteren Beutelecken annähen. Die Pfoten aufnähen.

Geduldig und ohne Murren trägt der Bär alles, was in ihn hineingesteckt wird.

Nikolaus-Spieluhr

Das brauchen Sie

- Reste von unifarbenen und gemusterten Baumwollstoffen
- Rest Webpelz
- Spieluhr zum Einnähen
- Applikationsvlies
- Perle oder Moosgummischeibe
- 2 Knöpfe
- Filzstifte
- Füllwatte

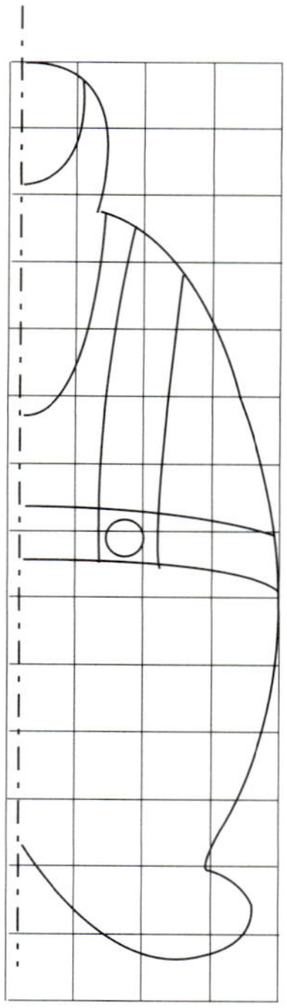

Beim Einschlafen hilft der Nikolaus mit einem sanften Wiegenlied, das nicht nur in der Weihnachtszeit immer wieder abgespielt wird.

So wird's gemacht

Die Linien der Vorlage mit einem 2-Zentimeter-Raster übertragen und entlang der Konturen ausschneiden.

Den Körper zweimal im ganzen aus gestreiftem Stoff zuschneiden. Hemd, Hosenträger und Bund zweifach auf Applikationsvlies durchzeichnen, das Gesicht und den Bart nur einmal aufzeichnen. Vlies ausschneiden und auf die passenden Stoffe aufbügeln. Trägerpapier abziehen und das Hemd, den Bund und die Hosenträger auf die Vorder- und Rückseite, das Gesicht und den Bart auf den Kopf aufbügeln. Mit verschiedenfarbigen Filzstiften Mund, Nase und Augen aufzeichnen. Knöpfe am Bund unter den Hosenträgern vorne aufnähen.

Vorder- und Rückenteil rechts auf rechts legen und aufeinander nähen, dabei einen Schlitz, der groß genug für die Spieluhr ist, zum Wenden offen lassen. Den Nikolaus wenden und die Beine mit Watte füllen. Dann die Spieluhr hineinstecken. Die Kordel der Spieluhr auf eine Nadel auffädeln und zwischen den Beinen in der Naht durchstecken, am Ende eine Perle oder Moosgummischeibe fest einknoten. Darauf achten, dass die Perle nicht zu klein ist, da die Gefahr besteht, dass ein Kind sie verschluckt. Eine Moosgummischeibe hat auch den Vorteil, dass sie nicht drückt, wenn ein Kind darauf einschläft.

Den Körper mit Watte fest ausfüllen, dabei einen Kochlöffelstiel zur Hilfe nehmen. Den Schlitz fest vernähen.

Aus zwei 10 Zentimeter langen und 6 Zentimeter breiten Dreiecken eine Mütze nähen und diese am Kopf mit Handstichen fixieren.

Beachten Sie, dass alle kleinen Teile wie Knöpfe und Perlen sehr fest angeknotet bzw. angenäht werden müssen. Lösen sie sich, besteht die große Gefahr, dass Kleinkinder sie verschlucken. Als Alternative können Sie sehr große Knöpfe verwenden, die nicht verschluckt werden können, oder auch weiche Moosgummischeiben aufnähen.

Plüschkissen

Ein Kissen aus Webpelz ist so richtig zum Kuscheln, und ist es einmal verschmutzt, so können Sie es ohne Bedenken in die Waschmaschine stecken.

So wird's gemacht

Eine 30 Zentimeter lange Linie auf Schnittpapier aufzeichnen. An beiden Enden einen 60-Grad-Winkel antragen. Dieses Dreieck noch einmal aufzeichnen. Die Mittelpunkte der Dreiecke aufeinander legen und so verdrehen, dass sich ein Stern ergibt.

Den Stern zweimal aus Webpelz zuschneiden. Rechts auf rechts aufeinander legen und rundum 1 Zentimeter breit aufeinander steppen, dabei einen 8 Zentimeter langen Schlitz zum Wenden offen lassen. Stern wenden und mit Nylonwatte oder Schafwolle ausfüllen. Den Schlitz von Hand verschließen.

Das brauchen Sie

- 0,30 m Webpelz
- 1 Beutel Nylonwatte

Edles Weihnachtskissen

Das brauchen Sie

- 0,50 m beiger Filz, 140 cm breit
- 40 x 40 cm beiger Moiré
- Nähfaden

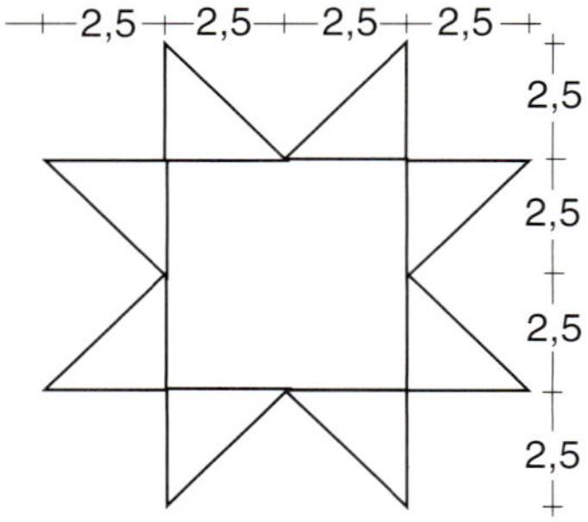

Kleinigkeiten sind es, die die Atmosphäre eines Raumes vollkommen verändern können. Ein Kissen aus Filz und Moiré unterstreicht ein elegantes Ambiente.

So wird's gemacht

Den Stern nach der Schemazeichnung aufzeichnen und ausschneiden.

Zwei 32 x 50 Zentimeter große Filzstücke für die Kissenrückseite und für die Vorderseite ein 48 x 48 Zentimeter großes Filzteil für die Vorderseite zuschneiden.

Auf der Vorderseite die Mitte des Kissens markieren. Den Stern mittig auflegen und aufzeichnen. Mit je 1,5 Zentimeter Abstand zu den Sternspitzen die übrigen Sterne aufzeichnen. Alle Sterne vorsichtig ausschneiden. Moiré unter die Kissenplatte legen und feststecken. Die Kanten der Sterne dicht neben den Kanten auf den Moiré aufsteppen.

Die Längskanten der Kissenrückenteile 4 Zentimeter breit umbügeln und schmalkantig feststeppen. Die Säume deckungsgleich aufeinander legen und feststecken. Das Kissenvorderteil so auf das Rückenteil legen, dass rundum ein 1 Zentimeter breiter Rand zu sehen ist. Rundum heften. Vorder- und Rückenteil mit 4 Zentimeter Abstand zum Rand aufnähen.

Bestickte Handtücher

Handtücher in Grün und Rot, die mit Eisblumen und Bäumchen bestickt sind, geben jedem Badezimmer ein weihnachtliches Aussehen.

Das brauchen Sie

- Frottierhandtücher in Grün und Rot
- Weißer 6-fädiger Sticktwist
- Sticknadel mit Spitze B
- 2 Knöpfe

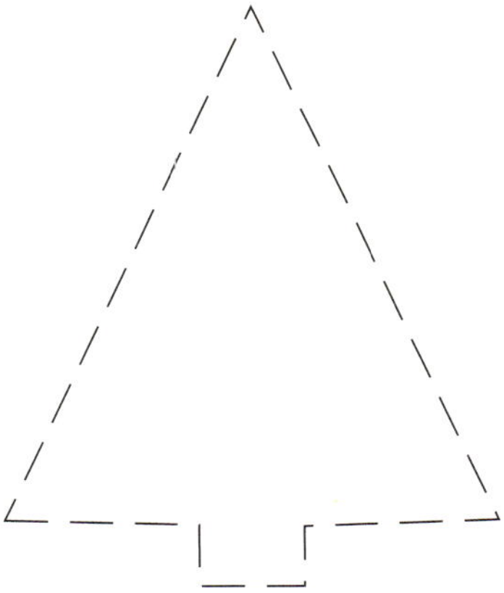

So wird's gemacht

Die Motive sind mit einfachen Vor- oder Spannstichen aufgestickt. Auf der Rückseite die Nadel unter den Schlingen des Velours durchstechen; so bleiben die Stiche auch beim Vernähen unsichtbar.

Das Bäumchen im Kopierer vergrößern und ausschneiden. Eckpunkte der Bäumchen mit Nadeln auf dem Handtuchrand markieren. Kontur der Bäume mit Vorstichen nachsticken, dabei sollten die einzelnen Stiche nicht länger als 1 Zentimeter, die Zwischenräume ungefähr 5 Millimeter lang sein.

Für die Sterne zuerst ein 2,5 Zentimeter langes Kreuz aus Spannstichen sticken. Um 45 Grad versetzt ein zweites Kreuz darüber sticken, mittig mit einem Stich fixieren.

Die Eisblumen zuerst als 6 Zentimeter langes Kreuz mit Vorstichen sticken. Neben jedem Stich die schräge Verästelung anlegen. Um 45 Grad versetzt ein 4 Zentimeter langes Kreuz über den Mittelpunkt sticken.

Gebundener Brotkorb

Das brauchen Sie

- 0,45 m gemusterten Baumwollstoff, 90 cm breit
- 0,45 m Volumenvlies
- 3,8 m Schrägband
- Nähfaden
- Schneiderkreide
- Lineal

Der Brotkorb lässt sich nach dem Frühstück zusammengefaltet in der Schublade verstauen und bei Bedarf in der Waschmaschine waschen.

So wird's gemacht

Zweimal 45 x 45 Zentimeter große Quadrate aus Baumwollstoff und einmal aus Volumenvlies zuschneiden.

Auf die rechte Stoffseite eines Quadrates parallele Linien mit 9 Zentimeter Abstand zu den seitlichen Kanten mit Schneiderkreide und Lineal aufzeichnen. An den Ecken die Schnittpunkte der Parallelen mit den Außenkanten durch eine schräge Linie verbinden. Entlang dieser Linien die Ecken schräg abschneiden. Das zweite Stoffquadrat und das Volumenvlies ebenfalls an den Ecken schräg abschneiden.

Die beiden Stoffteile links auf links mit dem Vlies dazwischen bündig aufeinander legen und alle Lagen mit Nadeln stecken. Entlang der parallelen Linien Stepplinien mit mittlerer Sticheinstellung bis zu den Außenkanten nähen.

Fertig gefaltetes Schrägband über die schrägen Ecken stecken, aufsteppen. Vier je 80 Zentimeter lange Schrägbänder zuschneiden. Die ersten 25 Zentimeter eines jeden Schrägbandes entlang der Kanten schmalkantig aufeinander nähen, das Schrägband über die Seitenkanten der Quadrate stecken und aufsteppen. Die übrigen 25 Zentimeter des Schrägbands wieder entlang der Kanten zusammennähen. Alle Seiten des Brotkorbes so versäubern. Zum Abschluß die Bänder an den Ecken miteinander zu Schleifen binden.

Gespritzte Sternendecke

In der Advents- und Weihnachtszeit verhüllt die halbtransparente Tischdecke elegant Ihren Tisch, die aufgespritzten Sterne setzen dezente Akzente.

So wird's gemacht

Messen Sie als Maß für den Zuschnitt eine passende Tischdecke für Ihren Tisch, rechnen Sie rundum noch 10 Zentimeter dazu. Gardinenvoile hat den Vorteil, dass er sehr breit liegt und preisgünstig ist. Die Kanten der Decke rundum 1 Zentimeter und dann nochmal 9 Zentimeter auf die linke Seite bügeln. Die 9 Zentimeter breite Saumkante wieder auffalten. Vom Schnittpunkt der 9 Zentimeter breiten Bügelkanten im 45-Grad-Winkel bis zum 1 Zentimeter breiten Bügelbruch anzeichnen (Zg. 1). Die Ecken rechts auf rechts legen und entlang der Markierung steppen (Zg. 2). Stoff 1 Zentimeter breit bis zur Naht wegschneiden und auseinander bügeln. Alle vier Ecken nähen. Ecken wenden und die 9 Zentimeter breite Saumkante schmalkantig steppen (Zg. 3). Aus der Tortenspitze dem Musterverlauf entsprechend Sterne herausschneiden. Sterne auf die Tischdecke mit beliebigen Abständen auflegen. Stofffarbe in ganz kurzen Sprühintervallen aufspritzen. Sterne versetzen und erneut spritzen, bis die ganze Decke besprüht ist. Nach Herstellerangaben Stofffarbe durch Bügeln fixieren.

Das brauchen Sie

- Gardinenvoile in entsprechender Größe
- 1 Packung Tortenspitze
- Textilfarbe zum Sprühen in Blau
- Nähfaden

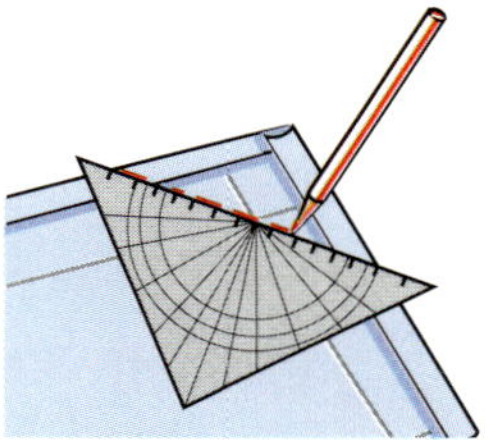

Zeichnung 1

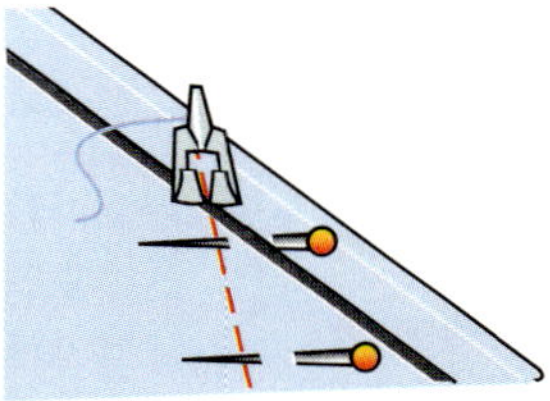

Zeichnung 2

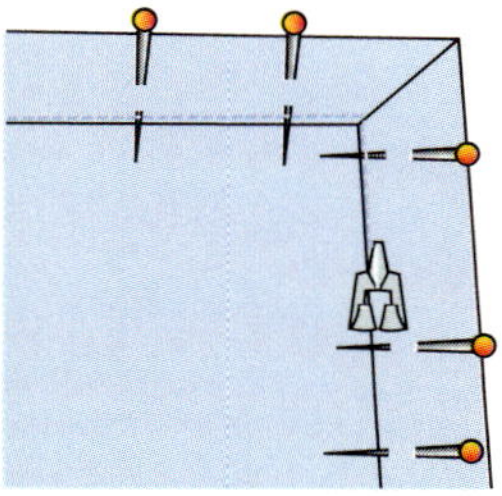

Zeichnung 3

Dinkelspelzkissen

Das brauchen Sie

- Reste von naturfarbener, karierter und gestreifter Baumwolle
- Karton DIN A4
- 30 cm langer Reißverschluss
- Schneiderkreide
- Nähfaden
- Dinkelspelz in gewünschter Menge (Naturkostladen)

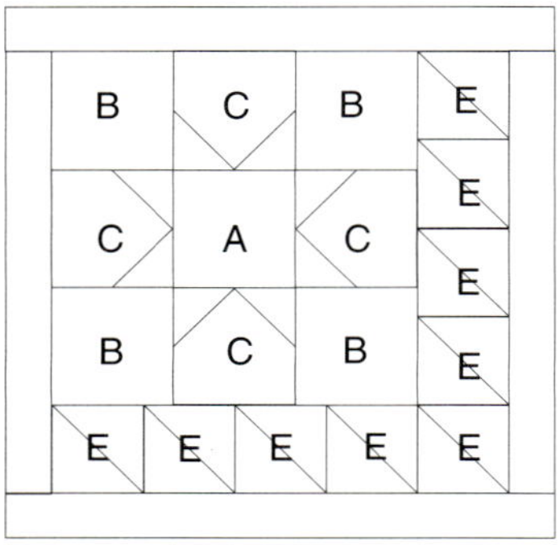

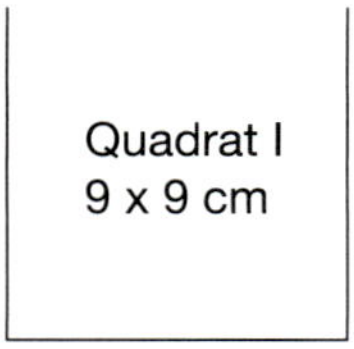

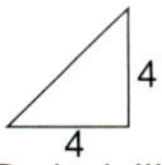

Dreieck III

Viele alte Hausmittel werden wieder aufgegriffen. Die Kissenfüllung aus Dinkelspelz wärmt, hilft bei Kopfschmerzen und gegen Schlaflosigkeit.

So wird's gemacht

Für das Patchwork aus Karton die Schablonen I bis III zuschneiden. Bei diesen Maßen sind jeweils 0,5 Zentimeter Nahtzugabe einberechnet.

Für den Stern das Quadrat I einmal und das Dreieck III achtmal aus naturfarbener Baumwolle, das Quadrat I achtmal aus gemusterten Stoffen zuschneiden. Für den Rand jeweils 9 Quadrate II aus naturfarbener und gemusterter Baumwolle ausschneiden. 4 x 31 Zentimeter und 4 x 37 Zentimeter je zweimal für die Randstreifen und für die Rückseite 37 x 37 Zentimeter zuschneiden.

Alle Nähte 0,5 Zentimeter breit steppen. Für den Flicken C Dreieck III auf ein gemustertes Quadrat I bündig mit einer Ecke legen und die Schräge nähen. Zweites Dreieck III auf der gegenüberliegenden Ecke aufnähen. Stoff bis 0,5 Zentimeter an die Nahtlinie wegschneiden, ausbügeln. Den Flicken C viermal anfertigen. Die Flicken für den Stern in Streifen zusammennähen: zweimal B-C-B und einmal C-A-C. Den Streifen B-C-B an den Streifen C-A-C nähen und an diesen B-C-B ansetzen. Für die Flicken E je ein gemustertes und naturfarbenes Quadrat II aufeinander legen und die Diagonale steppen. Den Stoff bis 0,5 Zentimeter vor die Naht wegschneiden, die Naht ausbügeln. Einmal vier Quadrate E und einmal fünf Quadrate E als Streifen zusammennähen. Den Viererstreifen an das Mittelquadrat mit dem Stern nähen, dann den Fünferstreifen ansetzen. Auf zwei gegenüberliegende Kanten die Randstreifen mit 31 Zentimeter Länge aufsteppen, an die übrigen Kanten die Randstreifen mit 37 Zentimeter Länge nähen. Die Rückseite des Kissens rechts auf rechts auf die Vorderseite legen und entlang einer Kante von beiden Seiten eine 3,5 Zentimeter lange Naht steppen, dazwischen heften. Nahtzugaben auseinander bügeln, Reißverschluss mittig drunterlegen und heften. Reißverschluss einnähen, Heftfaden ziehen. Die übrigen Kanten rundum steppen. Durch den Reißverschluss wenden und bügeln.

Beruhigendes Kräuterkissen

Die Zutaten für die Füllung des Kissens erhalten Sie in der Apotheke oder im Naturkostladen.

So wird's gemacht

Aus kariertem Stoff für die Rückseite 32 x 32 Zentimeter und für die Vorderseite 20 x 32 Zentimeter, aus gestreiftem Stoff für die Vorderseite 20 x 32 Zentimeter, für die Blende 10 x 31 Zentimeter zuschneiden.

Auf einen 18 x 30 Zentimeter großen Papierstreifen eine Parallele mit 4 Zentimeter Abstand längs ziehen, diese in drei 10 Zentimeter breite Abschnitte unterteilen. Mit einer Schüssel in diese Abschnitte 3 Bogen aufzeichnen. Die ausgeschnittene Bogenkante auf die linke Vorderseite legen und aufzeichnen. Die Blende rechts auf rechts auf diese Kante legen und die Bogenkante nähen. Die Nahtzugaben in Ecken und Rundungen einschneiden. Kante wenden, bügeln und absteppen. In jeden Bogen ein Knopfloch mit 2 Zentimeter Abstand zum Bogen sticken.

Das karierte Vorderteil an einer Längskante erst 1 Zentimeter, dann 4 Zentimeter auf die linke Seite bügeln. Den Bügelbruch schmal steppen. Die Bogenkante rechts auf rechts auf die Rückseite legen, darüber die Vorderseite. Naht rundum 1 Zentimeter breit steppen. Kissen wenden und bügeln. Knöpfe annähen und Kissen füllen.

Das brauchen Sie

- 0,35 m karierter Baumwollstoff, 90 cm breit
- Rest gestreiftes Leinen
- Nähfaden
- 3 Wäscheknöpfe
- Papier
- Unterteller oder Tasse
- Bleistift, Lineal
- Je 3 Hand voll getrocknete Pfefferminze und Hundskamille
- 2 Hand voll getrockneter Waldmeister

Das kleinere Kissen ist mit Kräutern gefüllt, das Patchworkkissen mit Dinkelspelz.

Leinenservietten

Das brauchen Sie

- 0,50 m feines Wäscheleinen, 140 cm breit
- 2 Rollen Stickfaden für die Nähmaschine in Weiß
- Nähfaden
- Geodreieck
- Schneiderkreide

Die eleganten weißen Servietten sind mit einer doppelten Zierstichnaht mit der Nähmaschine verziert, dadurch ergibt sich die bogige Außenkontur.

So wird's gemacht

Die Servietten 46 x 46 Zentimeter groß zuschneiden.

Mit dem Bügeleisen die Kanten zuerst 1 Zentimeter und noch einmal 3 Zentimeter rundum umbügeln. Die breite Kante wieder auffalten. Mit dem Geodreieck und der Schneiderkreide durch den Bügelschnittpunkt der 3 Zentimeter breiten Bruchkanten einen 45-Grad-Winkel markieren (siehe Zeichnungen 1 bis 3 auf Seite 51). Die Ecken diagonal falten und entlang der Markierung steppen, dabei Nahtanfang und -ende mit Rückstichen sichern. Die Nahtzugaben auf 0,5 Zentimeter zurückschneiden und auseinander bügeln. Alle vier Ecken so bearbeiten. Ecken wenden und erneut bügeln. Den Saum dicht neben der Bügelkante aufnähen.

Über dieser Naht und entlang der Außenkanten einen doppelseitig gebogenen Nähmaschinenzierstich mit dem Stickfaden steppen.

Der himmlische Tipp

Aus 0,50 m Stoff in der angegebenen Breite können Sie drei Servietten nähen. Verwenden Sie statt Leinen Baumwolle, erhalten Sie zum gleichen Preis bei 1 m Stofflänge sechs Servietten.

Tischsets mit Mistelzweig

Misteln gelten als Symbol für Liebe und Glück. Der gemalte Zweig auf dem Tischset ist ein liebevolles Detail für ein stimmungsvolles Weihnachtsessen.

So wird's gemacht

Die Tischsets 44 x 54 Zentimeter groß zuschneiden. Die Briefecken nähen, wie bei den Servietten auf Seite 54 beschrieben.

Die Vorlage für die Schablone mit dem Kopierer auf Din A4 vergrößern. Die Kopie mit Sprühkleber auf starken Karton oder Schablonierfolie aufkleben. Entlang der Konturen die Blätter, Zweige und Früchte mit dem Skalpell herausschneiden.

Mit dem Kreppklebeband alle Beeren und Zweige abkleben, das Klebeband darf dabei die Blätter nicht abdecken. Schablone mit den Kanten bündig auf die rechte untere Ecke eines Sets auflegen und mit einigen Klebestreifen auf dem Stoff fixieren. Mit dem Stupfpinsel wenig Stoffmalfarbe aufnehmen und mit senkrechten Bewegungen die Blätter in Grün ausstupfen. Die Schablone mit Küchenpapier säubern.

Das Klebeband über den Früchten abziehen; nun die Blätter mit Klebeband abdecken. Jetzt alle Beeren in Weiß ausstupfen. Schablone erneut säubern, das Klebeband von den Zweigen abziehen und die Früchte wieder abkleben. Mit Braun alle Zweige ausstupfen.

Die Stofffarbe nach dem Trocknen von der Rückseite des Sets heiß bügeln; dadurch wird die Farbe fixiert.

Ist Ihnen das Abkleben zu umständlich, so kopieren Sie die Vorlage dreimal und fertigen für die Beeren, die Zweige und die Blättern jeweils eine eigene Schablone an. Durch übereinander liegende Passkreuze sichern Sie die genaue Lage.

Das brauchen Sie

- 0,55 m naturfarbenes Leinen, 140 cm breit
- Fester Karton in DIN A4 oder Schablonierfolie
- Skalpell oder Cutter
- Sprühkleber
- Stupfpinsel
- Stoffmalfarbe in Weiß, Braun und Grün
- Nähfaden
- Geodreieck
- Schneiderkreide
- Kreppklebeband

Abbildung siehe Seite 54

Basilikum

WERKEN UND MALEN

Töpfe für Kräuter

Das brauchen Sie

- 2 Tontöpfe
- Weiße, grüne und gelbe Acrylfarbe von DEKA
- Flachpinsel
- Dünner und mittlerer Rundpinsel
- Kohlepapier

Abbildung siehe Seite 56

Verschenken Sie mit den bemalten Töpfen jeweils die passenden Kräuter. Sollten Sie keine Topfpflanzen bekommen, stellen Sie Zweige mit einem Glas hinein.

So wird's gemacht

Die Vorlage mit dem Kopierer auf die passende Größe für die Töpfe vergrößern.

Die Töpfe mit unverdünnter Acrylfarbe weiß streichen, dabei darf der Pinselstrich zu sehen sein und der rotbraune Untergrund an einigen Stellen durchscheinen.

Die Vorlage mit Kohlepapier auf die Töpfe durchzeichnen, dabei einzelne Ästchen nach Bedarf wiederholen.

Für den Rosmarin Grün mit Weiß mischen und alle Zweige und Blätter mit dem dünnen Rundpinsel malen. Nun mit Grün, das nicht aufgehellt ist, die Schatten auf einer Seite der Zweige und am Blattansatz dünn aufmalen.

Für das Basilikum Grün mit Weiß und Gelb mischen und alle Zweige und Blätter aufmalen. Mit dunklerem Grün die Schatten auf einer Seite auf Stielen und Blattansätzen nachmalen.

Rosmarin

Basilikum

Vergoldete Gipskonsole

Die Konsole ist aus schnell härtendem Gips gegossen; durch das Vergolden mit Schlagmetall wirkt sie wie ein wertvolles Stück aus alter Zeit.

Das brauchen Sie

- Gießform für die Konsole
- Schnell härtender Gips in der entsprechenden Menge
- Anlegemittel
- Schlagmetall
- Dicker weicher Pinsel
- Flachpinsel
- Weiche Bürste oder Lappen
- Dicker Strohhalm

So wird's gemacht

Gießform auf die Arbeitsfläche stellen und auf beiden Seiten mit Handtüchern unterlegen, sodass sie beim Eingießen des Gipses nicht kippt. Gips nach Herstelleranweisung in einer alten Schüssel anrühren. Sofort in die Form eingießen. Zum Lösen der Luftblasen die Form leicht aufstoßen. Etwa 5 Minuten vor Ende des Härtens 3 Zentimeter unterhalb der Oberkante in der Mitte senkrecht den Strohhalm für die Aufhängung einstecken. Gipskonsole aus der Form lösen. Mit Anlegemittel bestreichen. Ist das Anlegemittel gerade noch etwas feucht, mit den Fingerkuppen die Schlagmetallblättchen aufnehmen und auf die Gipsoberfläche auflegen. Mit dem Pinsel andrücken. Nach dem Trocknen mit dem Lappen das überschüssige Schlagmetall abwischen.

Der himmlische Tipp

Sie können auch zwei kleinere Konsolen gießen und diese durch Auflegen einer passend geschnittenen Glasplatte als Wandregal gestalten.

Bezogene Schachteln

Das brauchen Sie

- Schachteln in verschiedenen Größen
- Runde Spandose
- Stoffreste in passenden Farben und Mustern
- Sprühkleber
- Satinschleife
- Schere
- Maßband

Schachteln für den Wäscheschrank oder auch im Regal als Dekoration finden immer Verwendung. Stimmen Sie die Stoffe im Mustermix aufeinander ab.

So wird's gemacht

Eckige Schachteln beziehen

Für den Zuschnitt des Unterteils in der Länge den Schachtelumfang messen und 4 Zentimeter dazurechnen, in der Höhe zweimal die Schachtelhöhe ausmessen, plus Schachteltiefe plus 2 Zentimeter. Für den Deckelzuschnitt in Länge und Breite den Deckel plus viermal die Deckelhöhe berechnen.

Den Streifen für das Unterteil mit Sprühkleber vollständig einsprühen. Die Schachtel so auf den Streifen legen, dass die erste senkrechte Stoffkante 2 Zentimeter über eine Ecke der Schachtel ragt, nach oben muss die Schachtelhöhe frei bleiben. Streifen um den Karton wickeln, dabei den Stoff gut andrücken, damit sich keine Falten ergeben. Am Schluss den Stoff 2 Zentimeter nach links umlegen, die versäuberte Kante nochmal mit Kleber einsprühen und bündig mit der Schachtelecke aufkleben.

Den Stoffüberstand an der oberen Kante zur Innenseite der Schachtel falten und an den Innenwänden festkleben. Auf der Unterseite den überstehenden Stoff senkrecht an den Ecken einschneiden. Zuerst die Schmalseiten auf den Deckelboden kleben, dann die Längsseiten des Stoffbezugs darüber kleben.

Den Deckelbezugsstoff auf der linken Seite mit Sprühkleber benetzen. Den Deckel mittig auf den Stoff legen. An den Schmalseiten den Stoff an den Ecken in eine schräge Innenfalte legen, sodass eine gerade Außenkante entsteht. Den Stoff auf den Seiten des Deckels gut andrücken und auf die Ränder der Deckelinnenseite falten, dort ebenfalls fest andrücken.

Ein breites Satinband um die Schachtel wickeln und unterhalb der Deckelkante zur Schleife binden. Eine Stecknadel in das Band am oberen Deckelrand und an der unteren Schachtelkante stecken. Band wieder abnehmen und zwischen den Stecknadelmarkierungen mit Sprühkleber besprühen. Band um die Schachtel kleben und unterhalb der vorderen Deckelkante wieder zubinden.

Der himmlische Tipp

Beim Innenausstatter oder in der Gardinenabteilung erhalten Sie äußerst günstig Mustermätragen oder Reststoffe in großer Auswahl. Stoffe von einem Hersteller sind oft schon farblich oder mit den Mustern so aufeinander abgestimmt, dass Sie keine Fehler bei der Zusammenstellung machen können.

Runde Schachteln beziehen

Den Deckel auf den Stoff aufzeichnen. Außen herum die Deckelhöhe anzeichnen und den Kreis ausschneiden. Für das Unterteil den Umfang plus 4 Zentimeter plus die doppelte Schachtelhöhe zuschneiden.

Den Stoff für den Deckel bis zum inneren Kreis im Abstand von 2 Zentimeter senkrecht einschneiden. Mit Kleber auf der linken Stoffseite besprühen, Deckel mittig auflegen und die Seiten mit dem Stoff bekleben. Satinband mit Sprühkleber in der Länge des Deckelumfangs einsprühen und über die Kante kleben; zur Schleife binden.

Den Stoff für das Unterteil mit Sprühkleber einsprühen. Die Schachtel darauf legen, sodass nach oben die Schachtelhöhe frei bleibt. Streifen festkleben, den Überstand einschlagen, besprühen und über dem Ansatz festkleben.

Den oberen Rand nach innen kleben. Die untere Stoffkante senkrecht bis zum Dosenrand im Abstand von 3 Zentimeter einschneiden. Diese Streifen nach- und übereinander auf dem Boden festkleben.

Der himmlische Tipp

Möchten Sie keine Schleife um den Deckelrand, schneiden Sie aus Stoff einen Streifen, der 2 Zentimeter breiter als der Deckelrand und genauso lang wie der Unterteilzuschnitt ist. Den Stoff rückseitig einsprühen, an den Längskanten je 1 Zentimeter nach links falten, nochmals besprühen und um den Deckelrand kleben.

Nostalgisches Fotoalbum

Das brauchen Sie

- Fotoalbum
- Mikrowellkarton
- Japanpapier
- Rupfenband
- Naturbast
- Federn
- Alte Fotografie
- Sprühkleber
- Lineal
- Cutter
- Bleistift
- Dicke Stopfnadel

Ein sehr persönliches Geschenk gestalten Sie, wenn Sie eine alte Fotografie des Beschenkten oder eines Familienmitglieds in den Einband stecken.

So wird's gemacht

Den Umfang des Albums und die Höhe ausmessen. Maße der Vorder- und Rückseite und des Buchrückens auf die Mikrowellrückseite mit einem Rand von 4 Zentimetern aufzeichnen. Entlang dieser Kontur den Karton ausschneiden. 2 Millimeter vor den Ecken eine Linie im 45-Grad-Winkel markieren, diese Ecken wegschneiden. Senkrechte Einschnitte beim Buchrücken bis zur Albumkante ausführen, bis 5 Millimeter vor dieser Kante den Mikrowellkarton wegschneiden. In 7 Zentimeter Höhe zwei Löcher mit der Nadel in die vordere und seitliche Kante stechen. Mehrere Bastfäden durchfädeln und vorne verknoten. Den Karton mit Sprühkleber einsprühen. Das Album entlang der Markierungen geschlossen auf den Karton legen, die Zugaben auf die linke Seite falten. Über dem Buchrücken andrücken und den zweiten Buchdeckel beziehen. Die 5 Millimeter breiten Überstände über die Buchrückenkanten falten.

Aus Japanpapier einen Streifen entlang einer Linealkante reißen, der halb so breit und 8 Zentimeter höher als das Album ist. Diesen Streifen mit 4 Zentimetern Abstand zur Kante über den Mikrowellkarton unter die Bastfäden kleben. Das Rupfenband wie das Japanpapier schneiden und auf dieses unter den Bast kleben. Federn und eine Fotografie einstecken.

Briefkassette mit Papier

Auch in Zeiten von Fax und E-Mail werden noch Briefe geschrieben. Ein aufwändig gestaltetes Geschenk wie diese Briefkassette mit Papier kommt immer gut an.

So wird's gemacht

Einige Stempelabdrücke auf das Tonpapier stempeln und sofort mit Embossing-Pulver bestreuen. Das überschüssige Pulver auf Papier abklopfen und wieder zurück in den Behälter füllen. Den ganzen Bogen auf diese Weise unregelmäßig bestempeln und versilbern. Das Bügeleisen mit Einstellung Baumwolle aufheizen und mit der Bügelfläche nach oben auf dem Arbeitstisch platzieren, dafür eventuell beidseitig mit zwei Schuhschachteln abstützen. Das Tonpapier dicht über die Bügelfläche halten, dadurch verschmilzt das Embossing-Pulver mit der Stempelfarbe und so entsteht eine emailleartige Oberfläche. Alle Initialen so versiegeln.

Die Schachtel mit dem Tonpapier beziehen, wie auf Seite 60 beschrieben. Das Samtband quer halbieren und die beiden Enden auf der Innenseite des Deckels mittig festkleben und über der Deckelmitte binden. Auf die V-förmig eingeschnittenen Schleifenenden Initialen aufkleben, die mit der Zackenschere quadratisch ausgeschnitten sind.

Auf Briefpapierbögen, Kuverts und Karten ebenfalls Initialen aufstempeln und mit Silber versiegeln.

Als Variante den Stempel mehrfach hintereinander aufdrücken, ohne dabei neue Stempelfarbe aufzunehmen. Diese Abdrücke nicht embossieren.

Das brauchen Sie

- 1 Bogen fliederfarbenes Tonpapier
- Schachtel für Briefpapier
- Violettes Samtband
- Initialenstempel
- Embossing-Stempelkissen in Silber
- Silberfarbenes Embossing-Pulver
- Bügeleisen
- Sprühkleber
- Karten, Briefpapier, Umschläge
- Zackenschere

Tablett-Tisch fürs Bett

Das brauchen Sie

- 2 Leimholzbretter aus Fichte, 40 x 80 x 2 cm
- 60 cm Klavierband
- Kleine Holzschrauben
- Mittelfeines und feines Schleifpapier
- Schleifklotz
- Blauer Acryllack
- Weißer Acryllack
- Schraubenzieher
- Stichsäge
- Bohrmaschine
- Feiner und dicker Bohrer
- Karton
- Flachpinsel
- Lineal
- Bleistift
- Alter Lappen

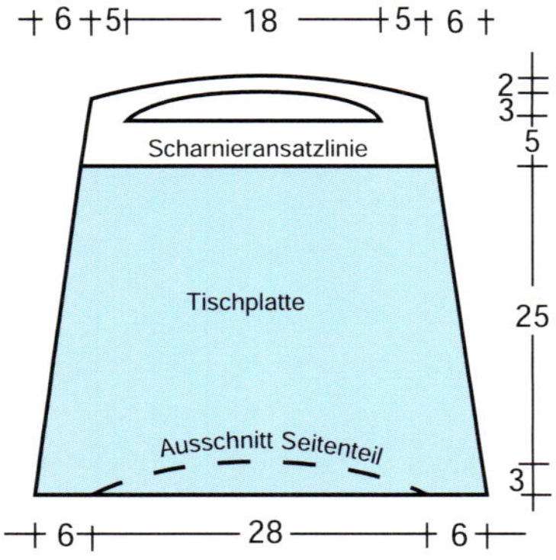

Frühstück im Bett ist der gemütlichste Start in den Tag. Auf dem geräumigen Tisch können Sie bequem tafeln; danach lässt er sich flach zusammengeklappt verstauen.

So wird's gemacht

Die blau markierte Fläche der Zeichnung bis zur Unterkante auf eine Hälfte eines Brettes aufzeichnen, die zweite Hälfte spiegelverkehrt markieren. Die Tischplatte mit der Stichsäge ausschneiden.

Die beiden Seitenteile auf das zweite Fichtenbrett mit den Außenkanten und der Ansatzlinie für das Scharnier aufzeichnen. Seitenteile mit der Stichsäge aussägen.

Für den Griff und Fußausschnitt zwei 18 Zentimeter beziehungsweise 28 Zentimeter lange und 3 Zentimeter hohe Streifen aus Papier ausschneiden. Diese quer zur Mitte falten. Vom Bruch aus eine gebogene Linie markieren. Entlang dieser Linie ausschneiden. Die längere Schablone mittig auf die Unterkante der Seitenteile legen und aufzeichnen. Die kürzere Schablone mit 2 Zentimeter Abstand zur Oberkante auf die Seitenteile für die Griffe auflegen und aufzeichnen.

In den Ecken der Griffausschnitte jeweils ein großes Loch mit der Bohrmaschine bohren. Von diesen Löchern aus die Stichsäge ansetzen und die Griffe heraussägen. Den Fußausschnitt mit der Stichsäge aussägen.

Alle Sägekanten des Tablett-Tisches mit Schleifpapier glatt schleifen.

Das Klavierband halbieren. Jede Hälfte auf die Unterseite der Tischplatte so auflegen, dass ein Scharnierschenkel genau mit der Kante abschließt. Die Löcher mit Bleistift markieren und mit einem feinen Bohrer vorbohren. Die Scharnierhälfte mit den kleinen Holzschrauben aufschrauben. Ein Seitenteil rechtwinklig neben die Tischplatte stellen. Den zweiten Scharnierschenkel rechtwinklig umklappen und die Löcher so markieren, dass die Ecke des Scharniers genau auf Höhe der Ansatzlinie beim Seitenteil liegt. Dabei beachten, dass die Tischplatte in Höhe der Scharnierlinie genauso breit ist wie die Seitenteilbreite. Die Löcher vorbohren und die Schrauben eindrehen. Das zweite Seitenteil genauso befestigen.

Die Tisch- und Seitenteiloberflächen mit dem Schleifpapier glatt schleifen. Mit einem feuchten Tuch abwischen, sodass das Holz staubfrei ist. Den blauen Acryllack mit Wasser verdünnen und den Tisch rundum lackieren. Die Maserung sollte dabei sichtbar bleiben. Am besten den Farbauftrag auf der Tischunterseite ausprobieren.

Auf einen Karton „good morning" schreiben und mit dem Cutter die Buchstaben herausschneiden. Die Schablone mittig auf den Seitenteilen auflegen und mit dem weißen Acryllack ausstupfen. Die Schrift kann auch mit einem Pinsel frei Hand aufgemalt werden. Die Oberflächen nach dem Trocknen mit feinem Schleifpapier noch einmal leicht schleifen.

Wird der Tisch nicht benötigt, werden die Seitenteile unter die Tischplatte geklappt; so lässt er sich leicht in einem Schrank verstauen.

Der Traum vom Frühstücken im Bett wird mit dem einladenden Tablett-Tisch wahr.

Bemalte Geschirrtücher

Das brauchen Sie

- Küchenhandtücher im 3er-Pack
- Starker Karton
- Stoffmalfarbe in Weiß und Grün von DEKA
- Kleber
- Cutter
- Stupfpinsel

Auch in der Küche zieht mit weihnachtlich bemalten Geschirrtüchern Festtagsstimmung ein. Die Stoffmalfarbe ist in der Maschine bei 60 Grad waschbar.

So wird's gemacht

Die Vorlage mit dem Kopierer vergrößern und die Kopie auf den Karton aufkleben. Das Motiv entlang der Konturen herausschneiden. Die Schablone nebeneinander als Bordüre entlang der Handtuchkante oder unregelmäßig verteilt auf dem Handtuch auflegen und mit grüner oder weißer Farbe deckend ausstupfen. Die Stofffarbe nach dem Trocknen von der Rückseite her durch Bügeln fixieren.

Schachtel mit Potpourri

Diese lackierte Spanschachtel ist mit hauchdünnem Spitzenpapier überzogen. Durch das herausgeschnittene Herz verströmt der Duft des Potpourris.

So wird's gemacht

Das Herz von der Vorlage mit dem Kopierer vergrößern oder frei Hand aus gefaltetem Papier ausschneiden. Das Herz auf die Innenseite der Schachtel aufzeichnen und mit dem Cutter sorgfältig herausschneiden. Die Schachtelteile innen und außen mit Acryllack streichen. Nach dem Trocknen schleifen und noch einmal rundum lackieren.

Den Umfang der Schachtel und die Höhe ausmessen, zur Höhe 6 Zentimeter dazurechnen. Mit diesen Maßen ein Rechteck aus dem Spitzenpapier ausschneiden und mit Sprühkleber einsprühen. Das Papier auf das Schachtelunterteil kleben, dabei an der Oberkante 3 Zentimeter zur Doseninnenseite falten, den Boden ebenfalls 3 Zentimeter überkleben. Da das Papier sehr dünn ist, braucht es an den Rundungen nicht eingeschnitten zu werden, sondern wird in dünne Falten gelegt.

Den Deckel auf dem Papier aufzeichnen, rundum die Deckelhöhe anzeichnen und ausschneiden. Mit Sprühkleber besprühen und auf den Deckel kleben, an den Seiten in feine Falten legen und gut andrücken. Die Schachtel mit dem Potpourri und den getrockneten Rosen füllen.

Das brauchen Sie

- Runde Spandose
- Schwarzer Acryllack von DEKA
- Lachsfarbenes Spitzenpapier
- Sprühkleber
- Papier
- Fertig gemischtes Potpourri
- Getrocknete Rosen
- Pinsel
- Feines Schleifpapier
- Cutter

Vergoldete Teller

Das brauchen Sie

- Glasteller
- Schlagmetall in Gold
- Anlegemittel
- Weicher Pinsel
- Weicher Lappen
- Rundpinsel
- Wasserlöslicher Filzstift

Die Motive können Sie auf Teller jeder Größe übertragen, sie müssen nur mit dem Kopierer entsprechend vergrößert werden.

So wird's gemacht

Die Motive mit dem Kopierer vergrößern. Die Teller heiß abspülen. Die Motive mittig unter die Teller legen, dann auf der Oberseite mit Filzstift die Konturen nachzeichnen. Auf dem Tellerrand kleine Sterne oder Bäumchen frei Hand aufzeichnen. Die Teller umdrehen und wie bei der Konsole auf S. 59 beschrieben, mit Schlagmetall im Negativ- oder Positivmuster, bekleben.

Die Vorzeichnung auf der Telleroberfläche mit Spülmittel abwaschen. Die Teller nach Gebrauch von Hand spülen.

Windlicht fürs Fenster

Kerzenlicht gehört zur Weihnachtszeit. Besonders stimmungsvoll wirken Kerzen in einem bemalten Windlicht auf dem Fensterbrett.

Das brauchen Sie

- Windlicht
- Glasmalfarbe von DEKA in Schwarz, Rot, Violett und Flieder
- Dünner und mittlerer Rundpinsel
- Klebeband
- Küchenpapier

So wird's gemacht

Das Motiv mit dem Kopierer so vergrößern, dass es aneinander gesetzt mindestens dreimal aufgemalt werden kann. Das vergrößerte Motiv ausschneiden und von innen gegen das Glas kleben. Zerknülltes Küchenpapier hineinstecken, dann liegt die Vorzeichnung dicht am Glas an. Die Konturen mit dem dünnen Pinsel schwarz aufmalen. Zwischen den Blüten die Flächen so oft mit Blütenblättern ergänzen, bis alles ausgefüllt ist. Die Blätter in verschiedenen Rot- und Violetttönen ausmalen. Nach Herstellerangaben trocknen lassen und im Backofen brennen.

Kerzenständer aus Holz

Die außergewöhnlichen Kerzenständer wirken in der Gruppe, aber auch einzeln. Vielleicht basteln Sie vier gleiche und verwenden sie als Adventskranz.

Das brauchen Sie

- 8 mm dickes Sperrholz für je eine Vorder- und Rückseite, Ober- und Unterseite
- 2 Bogen kariertes Papier
- Acryllack von DEKA in Blau und Türkis
- Blauer Filzstift
- Feines Schleifpapier
- Stich- oder Laubsäge
- Bohrmaschine mit Bohrer
- Bleistift
- Schere
- Holzleim
- Dünne Stahlnägel
- Dicker Nagel

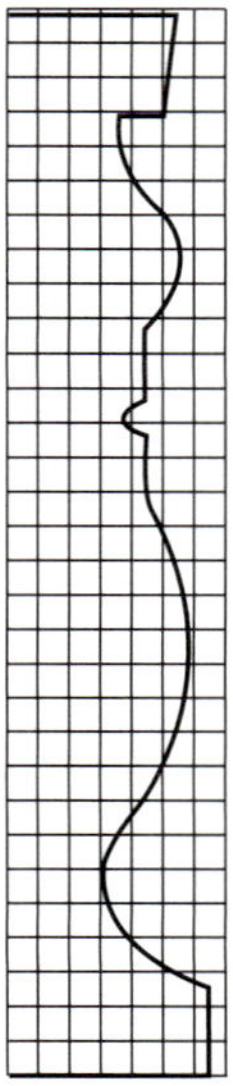

So wird's gemacht

Die zwei Bogen Karopapier mit 1 x 1 Zentimeter Raster an der Querseite zusammenkleben.

Die Zeichnungen von der Vorlage durch Abzählen der Kästchen in der Höhe und Breite übertragen. An der Mittellinie die Linien spiegeln und seitenverkehrt ergänzen.

Die Vorlagen entlang der Konturen ausschneiden, dabei bei zwei Vorlagen die mittleren Motive herausschneiden. Sperrholz in passender Größe für die Vorder- und Rückseite als Rechteck zuschneiden lassen, die Ober- und Unterseiten sind jeweils 6 Zentimeter tief, die Breite am entsprechenden Kerzenständer oben und unten abmessen.

Die Vorlagen mit Bleistift auf das Sperrholz durch Umranden übertragen. Die Konturen mit der Stich- oder Laubsäge aussägen. Für die Innenkonturen in einer Ecke des Motivs ein Loch bohren, von diesem Loch aus das Sägeblatt der Laub- oder Stichsäge ansetzen. Vorsichtig um die dünnen Stellen beim Herz und Pfeil herumsägen, damit sie nicht ausbrechen.

In die Oberseite des Ständers mittig einen dicken Nagel als Kerzendorn einschlagen. Die Querkanten von Ober- und Unterseite mit Holzleim bestreichen und diese bündig zwischen die Vorder- und Rückseiten der Kerzenständer kleben. Zusätzlich jede Kante mit drei Stahlnägeln fixieren.

Ist der Leim getrocknet, den Kerzenständer entlang aller Kanten und auf den Holzoberflächen glatt schleifen.

Acryllack mit etwas Wasser verdünnen und jeden Kerzenständer in der gewünschten Farbe auf den Innen- und Außenseiten sowie an allen Kanten streichen. Nach dem Trocknen der Farbe die Kanten leicht anschleifen, sodass künstliche Gebrauchsspuren entstehen.

Auf den kleineren Kerzenständer dicht nebeneinander mit dem Filzstift „MERRY CHRISTMAS“ oder Weihnachtsgrüße in anderen Sprachen schreiben.

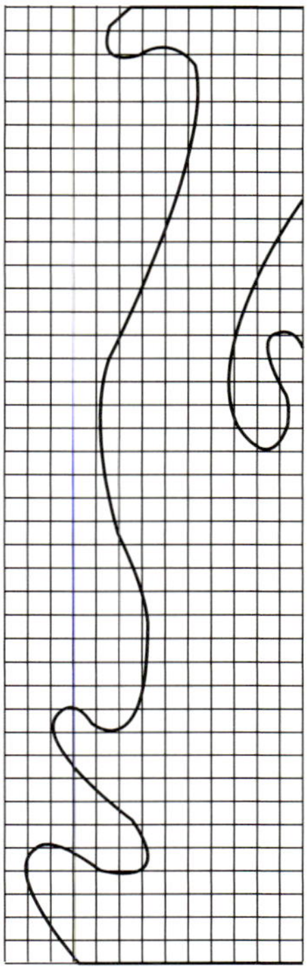

MERRY CHRISTMAS
MERRY CHRISTMAS
MERRY CHR
ISTMAS ME
RRY CHRISTM
AS MERRY CHRIS
TMAS MERRY CH
RISTMAS MER
RY CHRISTMA
S MERRY
CHRISTMA
S MERRY CH
RISTMAS MER
RY CHRISTMAS M
ERRY CHRISTMAS
MERRY CHRISTMAS
MERRY CHRISTMAS M
ERRY CHRISTMAS ME
RRY CHRISTMAS ME
RRY CHRISTMAS
MERRY CHRI
STMAS ME
RRY CHRISTM
AS MERRY CHRISTMAS
MERRY CHRISTMAS !

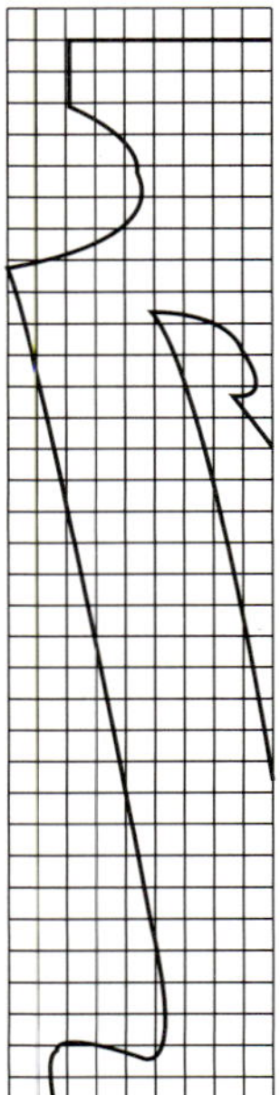

Tablett mit Decoupage

Das brauchen Sie

- Holztablett
- 2 Bogen geblümtes Geschenkpapier
- Tapetenkleister
- Acryllack von DEKA in Orange und Transparent
- Mittelfeines Schleifpapier
- Flachpinsel

Zum Blickfang in Küche oder Esszimmer wird dieses Tablett mit den leuchtenden Farben, auch wenn es gerade nicht zum Servieren gebraucht wird.

So wird's gemacht

Wenig Tapetenkleister in einem Glas anrühren und ausquellen lassen.

Das Tablett mit dem orangefarbenen Acryllack streichen, trocknen lassen, schleifen und noch einmal streichen. Die Blüten aus Geschenkpapier ausschneiden und auf dem Tablett anordnen. Mit Tapetenkleister bestreichen und aufkleben. Nach dem vollständigen Austrocknen des Kleisters das Tablett mit vier bis fünf Schichten Klarlack streichen, dazwischen immer wieder trocknen lassen und glatt schleifen.

Bilderrahmen mit Papier

Möchten Sie einen Kunstdruck oder ein Foto verschenken, ist die Freude umso größer, wenn Sie den passenden Rahmen dazu gestalten.

Das brauchen Sie

- Weiß lasierter Holzbilderrahmen
- Japanpapier in Weiß, Orange und Dunkelrot
- Sprühkleber
- Langes Lineal
- Bleistift
- Cutter

So wird's gemacht

Das Glas aus dem Rahmen nehmen. Weiße und dunkelrote Papierrechtecke so zurechtschneiden, dass sie über die Ecken und den inneren und äußeren Rahmenrand reichen. Rechtecke mit dem Sprühkleber besprühen und flächig auf den Rahmen aufkleben. Die Innenecken im 45-Grad-Winkel einschneiden, nach innen um den Rahmenrand legen. An den Außenecken ein Rechteck bis zur Ecke wegschneiden. Das Papier um die Kante kleben. Mehrere 1 Zentimeter breite Streifen in Orange schneiden und mit Sprühkleber besprühen. Die Papierflächen mit den Streifen unterteilen; um die Rahmenkante kleben.

Fröhliches Kinder-Service

Das brauchen Sie

- Kinder-Kaffeeservice
- Porzellanmalfarben von DEKA in Gelb, Türkis, Apfelgrün, Pink, Orange und Schwarz
- Feiner und mittlerer Rundpinsel
- Kohlepapier
- Gummihandschuhe

Auch Kinder wollen feiern wie die Erwachsenen. Mit diesem bunt bemalten Service können sie ihre kleinen Gäste liebevoll bewirten.

So wird's gemacht

Die Motive mit dem Kopierer nach Bedarf vergrößern. Die Porzellanteile im heißen Spülwasser waschen und gut trocknen, am besten von diesem Zeitpunkt an Gummihandschuhe tragen.

Die Vorlagen mit Kohlepapier auf die Teller übertragen und die Konturen in Schwarz aufmalen. Nach kurzer Trocknungszeit die Flächen in den entsprechenden Farben ausmalen.

Die Tassen, die Zuckerdose und das Milchkännchen mit bunten Punkten in allen Farben betupfen, die Griffe und Henkel in jeweils einer Farbe nachmalen. Um alle Teller einfarbige Ränder aufmalen.

Gibt es kleinere Ausrutscher, lässt sich die Farbe mit einem leicht angefeuchteten Wattestäbchen wieder entfernen. Ist die Farbe schon angetrocknet, das Wattestäbchen in Nagellackentferner tauchen und den Ausrutscher entfernen.

Die bemalten Teile über Nacht trocknen lassen und nach Herstellerangaben im Backofen einbrennen.

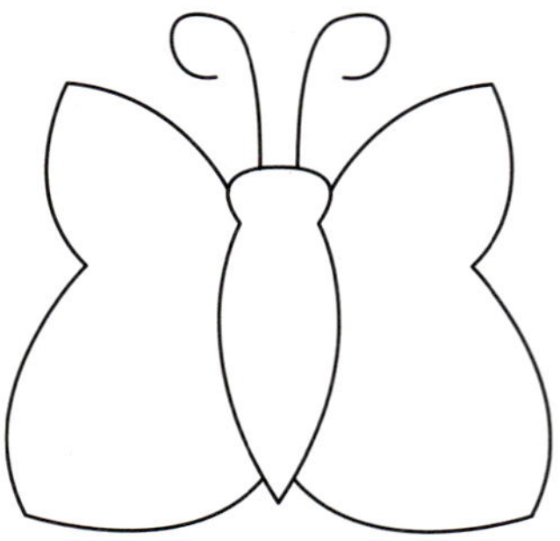

Das Kaffeeservice für Kinder ist fröhlich bunt und mit ansprechenden Motiven gestaltet.

Der himmlische Tipp

Möchten Sie einen Teller mit Tasse und Untertasse als Kinderset verschenken, malen Sie alle Motive nebeneinander auf die Tassen und den Tellerrand.

Seepferdchen als Messlatte

Das brauchen Sie

- 105 x 55 cm Sperrholz, 8 mm dick
- Zeichenpapier in gleicher Größe
- Langes Lineal
- Bleistift
- Acrylfarben von DEKA in Orange, Rot, Gelb, Grün und Schwarz
- Feines Schleifpapier
- Stich- oder Laubsäge
- Bilderösen zum Aufhängen

Von Geburt an bis zum Alter von 5 bis 6 Jahren können Sie hier in regelmäßigen Abständen neben die Größe das Alter des Kindes eintragen.

So wird's gemacht

Auf das Papier ein 5-Zentimeter-Raster aufzeichnen und die Vorlage durch Abzählen der Kästchen übertragen. Ausschneiden und auf das Sperrholz aufzeichnen. Die Kontur mit der Stich- oder Laubsäge aussägen und alle Kanten glatt schleifen. Das Seepferdchen ganzflächig in hellem Orange, dann mit einer Mischung aus Rot und Orange sowie Rot pur im Verlauf bemalen. Das Auge schwarz malen. Nach dem Trocknen die Messlatte im 5-Zentimeter-Abstand in Grün und die Zahlen aufmalen. Die Bilderöse auf der Rückseite befestigen.

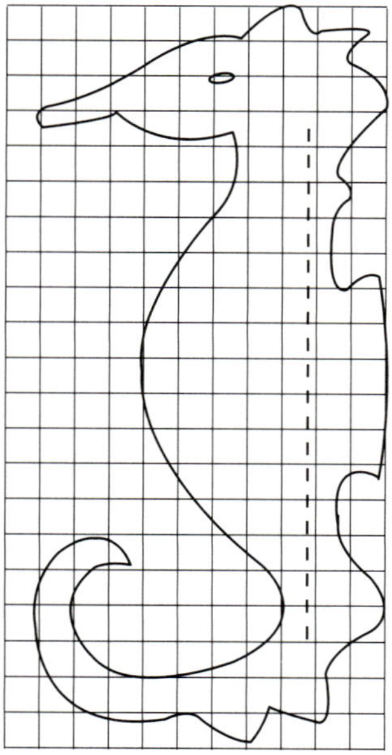

Minikommode fürs Bad

Gerade im Bad sammeln sich mit der Zeit viele Kleinigkeiten an. Mit dieser Minikommode im Streifenlook schaffen Sie schnell Ordnung.

Das brauchen Sie

- Minikommode aus dem Möbelmitnahmemarkt oder Baumarkt
- Acrylfarbe von DEKA in Weiß und drei Blautönen
- Schmales und breites Kreppklebeband
- Flachpinsel
- Feines Schleifpapier

So wird's gemacht

Die Schubladen aus der Holzkommode ziehen. Alle Holzflächen und Kanten der Kommode und der Schubladen mit leicht verdünntem weißem Acryllack lasierend streichen. Nach dem Trocknen glatt schleifen.

Die Schubladen neben- und übereinander stapeln, so, wie sie später in die Kommode geschoben werden. Mit Klebeband über den Seiten fest zusammenkleben. Auf den vorderen Flächen in unregelmäßigen Abständen mit verschieden breiten Klebebändern senkrechte Streifen abkleben. Die Streifen dazwischen in verschiedenen Blautönen ausmalen. Nach dem Trocknen die Klebebänder abziehen und die Schubladen in die Kommode schieben.

Getrocknete Rosenkugel

Das brauchen Sie

- 40 Minirosen
- Tontopf
- Steckschaumkugel in passender Größe
- Kordel mit vierfachem Topfumfang
- Heißkleber
- Transparenter Sprühlack

Rosen sind immer wieder schön, egal, ob frisch oder getrocknet. Wenn Sie einen Rosenstrauß haben, der am Verblühen ist, am besten die Rosen auf Vorrat trocknen.

So wird's gemacht

Knospige Rosen leicht aufblühen lassen, dann kopfüber hängend eine Woche trocknen lassen.

Den Rand des Topfes auf der Innenseite mit Heißkleber bestreichen und die Steckschaumkugel in den Topf stecken. Die getrockneten Rosen auf 3 Zentimeter Länge abschneiden und dicht nebeneinander in die Kugel über dem Topfrand stecken.

Den Topf mit Zeitungspapier abdecken und die getrockneten Rosen mit Transparentlack dünn besprühen. Die Kordel mit Heißkleber bestreichen und viermal um den Topfrand wickeln.

Der himmlische Tipp

Kaufen Sie die Rosen zum Trocknen im Supermarkt, denn dort sind sie am günstigsten. Sie können auch gerade welk werdende Rosen aus der Vase nehmen und zum Trocknen aufhängen. Dann haben Sie immer welche vorrätig, die Sie genauso gut für ein Potpourri verwenden können.

Rosen als Schwimmkerzen

Verschenken Sie zu den Rosen ein Fläschchen Rosenöl. Wenige Tropfen im Wasser verbreiten einen angenehmen und zarten Rosenduft im Zimmer.

Das brauchen Sie

- 8 Bogen rotes Kerzenverzierwachs
- Scharfes Messer
- Kerzendocht

So wird's gemacht

Aus je zwei Wachsplatten eine Schwimmrose anfertigen. Von Hand ein ca. 8 Zentimeter langes und 4 Zentimeter hohes Oval aufzeichnen, dabei ist eine symmetrische Form nicht erforderlich.

Den Docht mit dem richtigen Ende nach oben halten und dann die Schmalseite des ersten Blatts ganz fest um den Docht wickeln. Die nächsten Blätter an der Unterseite in kleine Falten legen und mit leichtem Druck auf das Wachs an der unteren Kante befestigen. Die Kanten der Blütenblätter durch leichten Druck mit den Fingern wellenartig formen und dabei leicht nach außen biegen. Unten fest zusammendrücken.

Der himmlische Tipp

Kerzendochte haben einen Anfang und ein Ende. Beachten Sie, wo sich die Markierung am Docht befindet, wenn Sie ihn aus der Packung nehmen. Die Markierung immer wieder erneuern, falls Sie sie versehentlich wegschneiden; sonst brennt die Kerze nicht.

WEIHNACHTS- UND ADVENTSDEKO

Paillettenherzen

Das brauchen Sie

- 1 Styroporherz mit 8 cm und 2 Herzen mit 5 cm Höhe
- 1 Styroporkugel mit 7 cm Durchmesser
- Je 1 Beutel silberne, hellgrüne und dunkelgrüne Pailletten
- Je 1 Beutel hellgrüne, dunkelgrüne und silberne Glasperlen
- 1 Beutel Paillettennadeln

Sehr edel wirken die mit Pailletten besteckten Styroporformen, sie sind als Dekoration für das ganze Jahr ein wirkungsvoller Blickfang.

So wird's gemacht

Die Kugel mit einem Kreis aus hellgrünen Pailletten mit hellgrünen Perlen bestecken. Dafür auf die Nadel erst eine Perle und dann die Paillette spießen. Beides zusammen fest in das Styropor stecken. Beidseitig zwei Kreise mit silbernen Perlen und Pailletten anschließen, danach im Wechsel, immer mit hellgrünen Perlen, je einen Kreis hellgrün–dunkelgrün–hellgrün, zwei silberne Kreise, einen hellgrünen und als Abschluss eine silberne Paillette aufstecken. Die Pailletten leicht überlappend aufstecken, damit sie das Styropor abdecken. Die Kontur des großen Herzens hellgrün stecken, nach innen zwei Reihen silberne Pailletten, dann hellgrün–dunkelgrün–hellgrün im Wechsel, zwei Reihen silber, abschließend eine hellgrüne Paillette. Die Perlen kontrastfarbig auswählen.

Ein kleines Herz zur Hälfte mit silbernen Pailletten und dunkelgrünen Perlen, den Rest mit dunklen Pailletten und silbernen Perlen bestecken. Das zweite Herz im Wechsel der Reihen mit hellgrünen und silbernen Pailetten bestecken, in der Mitte zwei Reihen dunkelgrün stecken. Die Perlen wieder im Kontrast dazu wählen.

Der himmlische Tipp

Möchten Sie die Kugel und die Herzen aufhängen, dann stecken Sie in der Mitte mit einer Nadel einen feinen doppelt gelegten Gold- oder Silberfaden ein.

Teelichthalter

Die Bäumchen machen sich gut als Deko auf dem Tisch oder einer Kommode. Das Prägemetall reflektiert den Schein der Kerzen um ein Vielfaches.

Das brauchen Sie

- 1 Boden Prägemetall in Grün
- Kugelschreiber
- Nagel
- Bastelschere
- Teelicht
- Heißkleber

So wird's gemacht

Die Vorlage mit dem Kopierer so vergrößern, dass das Bäumchen ohne die Scheibe für den Kerzenteller 10 Zentimeter hoch ist. Die Kopie ausschneiden.

Prägemetall auf eine weiche Unterlage wie zum Beispiel ein Handtuch legen. Das Motiv auf die Rückseite des Prägemetalls legen und dann die Punkte, Herzen und Linien mit Kugelschreiber eindrücken. Die Löcher mit einem dicken Nagel durchstechen. Die Außenkanten mit dem Kugelschreiber einprägen und entlang der Prägelinie mit einer Bastelschere ausschneiden.

Zusätzlich einen Streifen schneiden, der zur Abdeckung um das Teelicht mit Heißkleber fixiert wird. Bäumchen am Fuß umknicken und das umklebte Teelicht auf den Teller stellen.

Teddy im Engelskostüm

Das brauchen Sie

- 0,40 m weißer Baumwollsatin, 90 cm breit
- 0,90 m weiße Spitze, 8 cm breit
- 0,50 m weiße Spitze, 4 cm breit
- Rest Goldlamé
- Applikationsvlies
- Rest Volumenvlies
- Nähfaden
- Druckknopf
- 0,50 m schmales Satinband

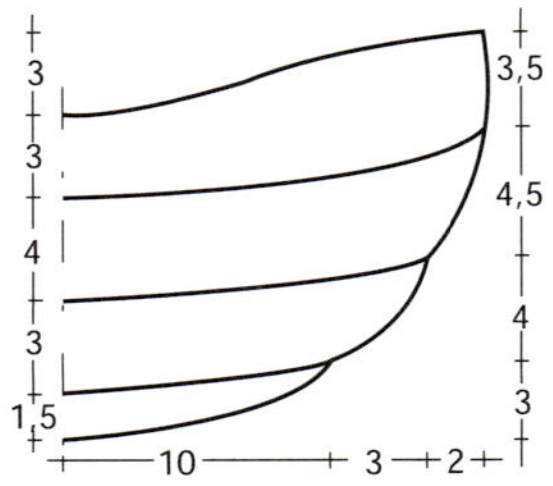

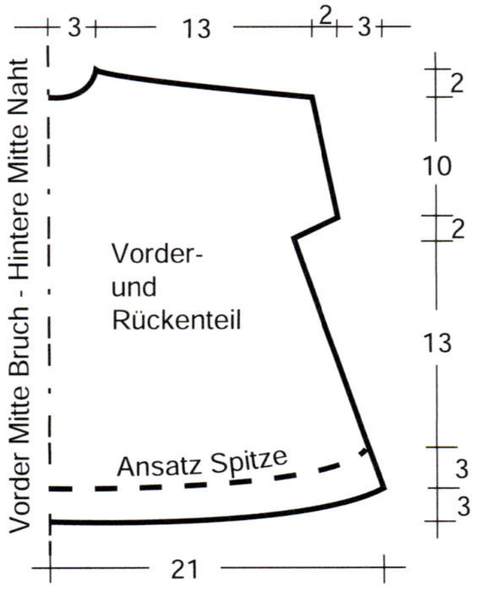

Alle Kinder und auch manche Erwachsene lieben ihre Teddys, und besonders groß ist die Überraschung, wenn der als Engelbär zum Weihnachtsfest erscheint.

So wird's gemacht

Den Schnitt für das Kleid und die Flügel, wie auf Seite 34 beschrieben, übertragen und vergrößern.

Aus der weißen Baumwolle das Vorderteil einmal im Bruch und das Rückenteil zweimal mit Naht zuschneiden, den Flügel zweimal im Bruch aus Goldlamé und einmal aus Volumenvlies zuschneiden. 1 Zentimeter Nahtzugabe nicht vergessen. Für den Kragen einen Streifen aus Goldlamé in 50 Zentimeter Länge und 9 Zentimeter Breite schneiden.

Die beiden rückwärtigen Teile für das Kleid rechts auf rechts legen und bis auf einen 8 Zentimeter langen Schlitz am Halsausschnitt 1 Zentimeter breit aufeinander steppen. Die Kanten einzeln versäubern und auseinander bügeln.

Vorder- und Rückenteil rechts auf rechts legen und entlang der Schulter- und Seitenkanten 1 Zentimeter breit steppen. Die Nähte versäubern und bügeln.

Die Saumkante 1 Zentimeter breit auf die linke Seite bügeln und steppen. Die Halsausschnittkante 0,5 Zentimeter breit auf die linke Seite bügeln und zusammen mit dem Schlitz in der hinteren Mitte schmalkantig steppen. Am oberen Schlitzende mit der Hand die beiden Teile der Druckknöpfe aufnähen.

Mit 3 Zentimeter Abstand zum Saum die Spitze entlang der oberen Kante auf die Saumkante aufsteppen. Die Ärmelkanten 1 Zentimeter breit umbügeln und schmalkantig aufsteppen.

Eine Längs- und die beiden Querkanten des Kragenstreifens mit schmalem Zickzackstich versäubern. Die zweite Längskante zuerst 1 Zentimeter, dann noch einmal 2 Zentimeter auf die linke Seite bügeln und schmalkantig feststeppen. Unterhalb der Steppnaht die schmale Spitze entlang der oberen Kante aufnähen. Das Satinband mit einer Sicherheitsnadel in den Tunnel einziehen, den Stoff zusammenschieben und den Kragen damit zubinden.

Die Flügelteile mit dem Volumenvlies dazwischen rechts auf rechts legen und 1 Zentimeter breit aufeinander nähen; dabei einen 4 Zentimeter langen Schlitz offen lassen.

Die Flügel wenden und die Naht ausbügeln, Schlitz von Hand zunähen. Die Quernähte der Flügel steppen. Die Flügel mittig entlang einer Schlitzkante festnähen.

Ein 45 bis 50 Zentimeter großer Teddy fühlt sich wohl in dem Engelskostüm, das nach der Weihnachtszeit bis zum nächsten Jahr aufbewahrt wird.

Himmlischer Bote

Das brauchen Sie

- 55 x 40 cm Fichtenleimholz, 19 mm dick
- Blumentopf mit 10 cm Durchmesser
- Rest Sperrholz
- Rest Draht
- 2 Holzschrauben
- Stichsäge
- Bohrer mit Bohrmaschine
- Weißer und roter Acryllack von DEKA
- Filzstift
- Schleifpapier

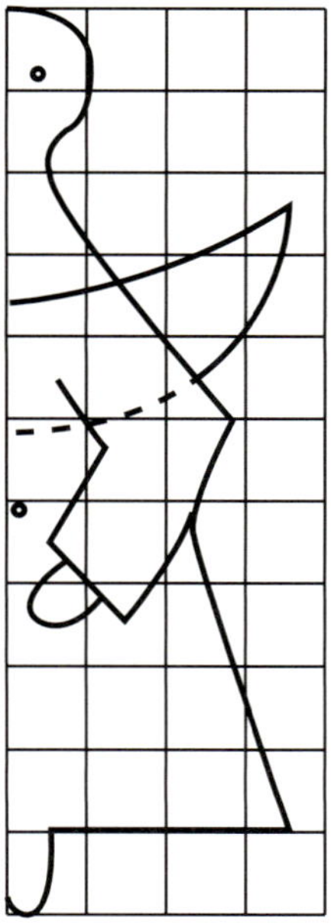

Ein Engel im Shakerstil begrüßt Ihre Besucher mit Licht und Herz. Als Geschenk passen diese Beigaben natürlich genauso gut.

So wird's gemacht

Engel und Flügel separat in ein 5-Zentimeter-Raster übertragen. Vorlagen ausschneiden und auf das Brett aufzeichnen. Teile aussägen. An der markierten Stelle zwei Löcher für die Halterung des Topfes bohren. Engel mit dem weißen Acryllack streichen. Nach dem Trocknen entlang der Außenkanten die Farbe mit Schleifpapier stellenweise abschleifen. Arme, Hände und Gesicht mit Filzstift aufzeichnen. Topf weiß streichen. Den Draht um den Topfrand legen, die Enden durch die Bohrungen stecken und verdrehen. Eine Schraube von hinten in das Holz drehen, dabei unter den Schraubkopf eine Drahtschlinge als Aufhängung legen. Herzen aus dem Sperrholzrest aussägen, rot lackieren und mit Drähten am Topfrand einhängen. Am Kopf zwei Löcher bohren; in diese die Drahtkrone stecken.

Etagere aus Tonschalen

Einfach und schnell gemacht, dafür aber äußerst wirkungsvoll, ist diese Etagere. Sie können sie zusätzlich mit Äpfeln und Orangen bestücken.

So wird's gemacht

Den großen Blumentopf umgekehrt auf den großen Untersetzer auflegen und den Mittelpunkt durch Abmessen der Abstände zum Rand festlegen. Die Lage markieren und den Topfrand dick mit Montagekleber bestreichen. Topf fest aufdrücken. Darüber den mittleren Untersetzer kleben, dann einen umgedrehten und einen daraufgestellten Topf mit dem kleinsten Untersetzer mit Kleber befestigen.

Über Nacht trocknen lassen. Die Kerze hineinstellen und die Schalen mit kleinen Zweigen, Engeln, Quasten, Nüssen etc. dekorieren.

Das brauchen Sie

- Tonuntersetzer mit 16, 22 und 30 cm Durchmesser
- 2 Tontöpfe mit 7 cm und 1 Topf mit 11 cm Durchmesser
- Montagekleber
- Tannen- und Buchszweige
- Weihnachtliches Dekomaterial
- Vergoldete Nüsse
- 1 dicke Kerze

Der himmlische Tipp

Die Schalen können im Sommer mit niedrigen Kriechpflanzen wie Lobelien, Schleifenkraut, Moosteinbrech usw. bepflanzt werden. Die oberste Etage mit Kieselsteinen füllen und etwas Wasser für die Vögel hineinschütten.

Nikolausstiefel aus Filz

Das brauchen Sie

- Filz in verschiedenen Farben
- Zackenlitze
- Bunte Borte
- Rest Webpelz
- Ösen zum Einschlagen
- Kordel
- Stoffkleber
- Schnittpapier
- Lineal
- Bleistift
- Schere

Groß und Klein freut sich, wenn am 6. Dezember diese Stiefel gefüllt an der Tür hängen. Sie können auch die Namen der Familienmitglieder darauf schreiben.

So wird's gemacht

Den Stiefel in ein Raster mit 1,5 x 1,5 Zentimeter Seitenlänge einzeichnen und ausschneiden. Aus doppelt gelegtem Filz in der entsprechenden Farbe mit 1 Zentimeter Nahtzugabe ausschneiden.

Die Stulpen, Sohle und Kappe extra aus der entsprechenden Filzfarbe oder aus Webpelz zuschneiden. In die graue Stulpe eine 2 x 2 Zentimeter große Zackenkante schneiden. Unter die blaue Stulpe orangefarbene Zackenlitze mit Textilkleber kleben.

Stiefelteile aufeinander legen und 1 Zentimeter breit steppen. Die Stulpen an den Querkanten aufeinander steppen, dabei den Webpelz rechts auf rechts legen. Die Kappe an der Fußspitze und die Sohle an der Unterkante aufeinander steppen. Stiefel, Sohle, Stulpen und Kappe wenden. Die Stulpen entlang der Oberkante 1 Zentimeter breit nach links bügeln, die Stulpe über den Stiefel stecken und die Zugabe im Stiefel auf der Innenseite festkleben. Auf die blaue Stulpe gelbe Filzsterne aufkleben, die mit Ausstechförmchen aufgezeichnet werden. Sohle und Kappe ebenfalls festkleben.

Für die Ösen Löcher in den Stiefel schneiden und die Ösen nach Herstellerangaben einschlagen. Die Kordel einfädeln und zusammenbinden.

Schmale Streifen aus Filz oder Kordelstücke als Aufhänger am Schaft ankleben.

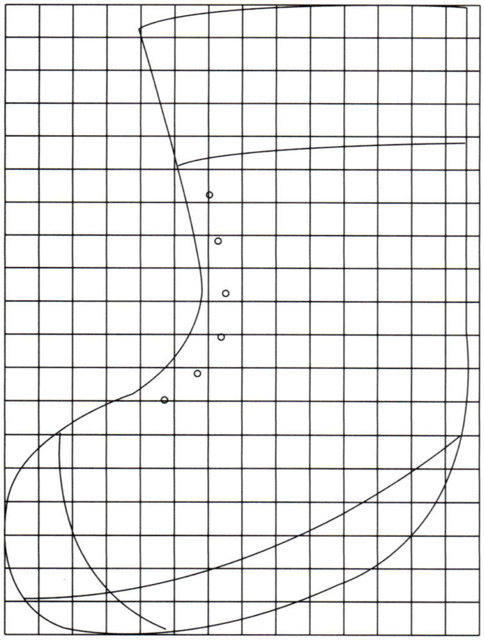

Lebkuchenanhänger

Das brauchen Sie

- 1/3 der Zutaten des Lebkuchenhauses auf Seite 26
- 1 Eiweiß
- 200 g Puderzucker
- Liebesperlen
- Kerngehäuseausstecher
- Schmales Satinband in verschiedenen Rosatönen
- Große Ausstechformen, z. B. Blume, Herz und Bäumchen
- Spritzbeutel mit Tülle

Die Lebkuchenherzen und andere einfache Formen schmücken im rustikalen Ambiente einen weihnachtlichen Strauß aus verschiedenen Nadel- und Thujenzweigen.

So wird's gemacht

Den Teig zubereiten, wie auf Seite 26 beschrieben. Über Nacht ruhen lassen.

Am nächsten Tag 0,5 Zentimeter dick ausrollen und die Motive ausstechen. Mit dem Gehäuseausstecher die Löcher für die Aufhängung herausstechen. Im Ofen bei 175 Grad etwa 20 Minuten backen.

Das Eiweiß zu steifem Schnee schlagen und den Puderzucker unterrühren. Diese Glasur auf die Ränder der erkalteten Motive aufspritzen und sofort mit Liebesperlen verzieren.

Ist die Glasur getrocknet, jeweils 40 Zentimeter Satinband durch das Loch fädeln und mit einer Schleife in die Nadelzweige binden.

Tonsterne und -töpfchen

Als Adventskranz fürs Fenster fungiert dieser Kasten mit Kerzen im Landhausstil. Je nachdem, wie oft die Kerzen brennen, sollten Sie einige davon in Vorrat halten.

So wird's gemacht

Den Ton 0,5 Zentimeter dick ausrollen und mit dem Ausstechförmchen 10 bis 15 Sterne ausstechen. Auf Backpapier legen und in einer Spitze mit dem dicken Strohhalm jeweils ein Loch für die Aufhängung herausstechen. Über Nacht trocknen lassen.

Die Sterne mit Bast an unterschiedlich langen Blumenstäben festbinden, den Knoten zusätzlich mit Heißkleber fixieren. In die Töpfe eine Beilegscheibe legen, darunter das Rundholz ansetzen. Durch die Löcher der Beilegscheibe und des Topfbodens das Rundholz mit der Schraube befestigen. Die Schwimmkerzen in die Töpfe legen.

Den Kasten mit Plastikfolie auslegen und mit gewässertem Steckschaum füllen. Die Rundhölzer senkrecht hineinstecken. Buchszweige unterschiedlich lang schneiden und in das Moos stecken, dazwischen die Sterne einfügen.

Das brauchen Sie

- 1 Packung lufttrocknender Ton
- Ausstechförmchen Stern
- Dicker Strohhalm
- 4 Blumentöpfe mit 7 cm Durchmesser
- 4 Rundhölzer, je 50 cm lang
- 4 Beilegscheiben und lange Holzschrauben
- 10–15 Blumenstäbe
- Naturbast
- Eckiger Terrakottakasten
- 1 Block Steckschaum
- Plastikfolie
- Buchszweige
- Heißkleber
- 4 weiße Schwimmkerzen
- Schraubendreher

Adventskranz-Kalender

Das brauchen Sie

- 2 Bund gemischte Zweige
- 1 Strohkranz mit 45 cm Durchmesser
- Bindedraht
- Goldene und grüne Kugeln
- 2 m goldenes Schleifenband
- 5 m orangefarbenes Schleifenband
- Je 1 Rolle schmales Geschenkband in Gold, Grün und Orange
- 1 Packung Patenthaften
- Rest Goldfolie
- Filzstift
- 4 Kerzenteller
- 4 dicke orangefarbene Kerzen
- Blumenschere

In den nummerierten Päckchen sind die Adventsgeschenke versteckt. Sie können die Päckchen aber auch nur zur Dekoration an den Kranz hängen.

So wird's gemacht

Die Zweige 10 bis 15 Zentimeter lang schneiden und nach Sorten getrennt zurechtlegen. Den Draht am Kranz befestigen und die erste Sorte Zweige nebeneinander um den Kranz herum legen und umwickeln. Die nächsten Zweige versetzt darüber legen und umbinden. Die verschiedenen Sorten im Wechsel auf den Kranz binden, die Stiele der letzten Zweige unter die ersten schieben. Das orangefarbene Band halbieren und die Enden der Bänder gegenüberliegend um den Kranz als Aufhängung verknoten. Über den Knoten je zwei grüne und goldene Kugeln mit den Patenthaften fixieren.

Die Kerzenteller mit den Kerzen aufstecken, darunter eine goldene Schleife mit Patenthaften befestigen.

24 Päckchen packen, mit verschieden langen Bänder umwickeln und die Enden mit den Haften auf der Innenseite des Kranzes feststecken. Kreise aus Goldfolie mit Zahlen aufkleben.

Rosenkugel im Strauß

Die Kugel ist ursprünglich für den Garten gemacht. Sie ziert zuerst den weihnachtlichen Strauß und wandert anschließend im Frühjahr auf einem langen Stab ins Freie.

Das brauchen Sie

- Rosenkugel für den Garten mit kurzem Stab
- 10 getrocknete Orangenscheiben
- Blumenhalter aus Weide
- Buchszweige
- Loser Hanf
- Feiner goldener Blumendraht
- Blumenvase
- Blumenkrepp

So wird's gemacht

Den Blumenhalter am besten in eine Blumenvase stecken, damit beide Hände frei sind.

Den Hanf als lockeren Ring um den Rand des Blumenhalters wickeln, eventuell mit Draht daran festbinden. Darüber die 20 Zentimeter langen Buchszweige strahlenförmig in den Blumenhalter stecken. Die Rosenkugel mit dem kurzen Stab in der Mitte hineinstecken.

Getrocknete Orangenscheiben mit Golddraht verbinden und als Kranz um die Kugel über den Hanfring legen, dabei an einigen Buchszweigen befestigen.

Um die Stiele und den Stab zusammengefasst Blumenkrepp wickeln.

Adventssäckchen

Diesen Adventskalender können Sie jedes Jahr wieder verwenden; so lohnt sich auch der etwas größere Zeitaufwand beim Nähen.

Das brauchen Sie

- Insgesamt 0,90 m Baumwoll- und Leinenstoffe in Uni und gestreift, 140 cm breit
- 2 Rollen goldfarbenes Geschenkband
- Goldfarbener Filzstift
- Nähfaden

So wird's gemacht

Aus den verschiedenen Stoffen Streifen mit 7 Zentimeter Breite zuschneiden. Den gestreiften Stoff sowohl mit senkrechtem als auch mit waagrechtem Streifenverlauf zuschneiden. Den Stoff nicht reißen, da sich sonst die Kanten rollen und Stoffbreite verloren geht. Die Streifen in 21 Zentimeter lange Abschnitte teilen.

Drei Streifen mit verschiedenen Farben bzw. Mustern entlang der Längskanten mit 0,7 Zentimeter breiter Naht zusammennähen. Entlang der 21 Zentimeter langen Seiten rechts auf rechts aufeinander legen und 1 Zentimeter breit steppen. Die Naht in die hintere Mitte, in die vordere Mitte oder auch an die Seite des Stoffrings legen und die untere Querkante steppen. Die Nähte mit dem Bügeleisen auseinander bügeln und die Säckchen wenden.

Die oberen Kanten zweimal je 1 Zentimeter auf die linke Seite falten und bügeln, anschließend schmalkantig feststeppen. Alle Säckchen entlang der Kanten bügeln.

Nun die Säckchen nebeneinander legen und die teils unifarbenen, teils gestreiften zusammengesetzten Säckchen gut untereinander mischen. Mit dem Filzstift auf den einfarbigen Flächen die Säckchen von 1 bis 24 durchnummerieren.

Die Säckchen mit verschiedenen Süßigkeiten wie Bonbons, Plätzchen, Lutschern, Schokolade, kleinen Äpfeln, Hasel- und Walnüssen und kleinen Geschenken füllen und mit dem Goldband zubinden. Sie können für Kinder auch eine Weihnachtsgeschichte auf kleine Zettel schreiben und diese in die 24 Säckchen stecken; so ist jeden Tag die Spannung groß.

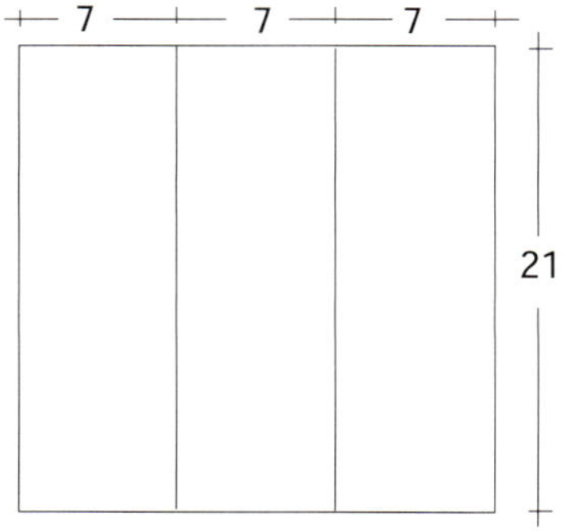

Der himmlische Tipp

Sie können die Säckchen auf verschiedene Arten aufhängen. Nehmen Sie z. B. einen größeren Korkenzieherzweig und hängen Sie ihn ans Fenster. Binden Sie die Beutel mit dem Goldband daran fest. Dazwischen mit kleinen goldenen Christbaumkugeln oder Engeln oder auch Schokolade-Nikolausen dekorieren. Eine andere Möglichkeit ist ein dickes Seil an der Wand, die Säckchen klipsen Sie mit Holzwäscheklammern an. Oder stellen Sie die Säckchen nebeneinander auf einen Kaminsims und arrangieren Sie dazwischen verschieden hohe, vergoldete Kerzenständer.

Tischdeko im Schottenlook

Das brauchen Sie

- Pro Streifen 0,45 m Stoff, die Länge richtet sich nach dem Tisch
- Nähfaden
- 2 Steckschaumkegel
- Buchsbaumzweige
- Kette aus roten Kugeln
- Heißkleber
- Zackenschere

Der himmlische Tipp

Haben Sie kein farblich passendes Service, so nehmen sie weiße Tassen und Teller. Legen Sie auf die Unterteller zusätzlich kleine rote, grüne oder blaue Papierservietten, das ersetzt die Farbigkeit des Geschirrs. Größere Papierservietten in den gleichen Farben dienen als passender Ersatz für Stoffservietten.

Mit den Stoffbändern können Sie auch eckige und ovale Tische decken. Die Streifen nebeneinander legen und über die Mitte ein zusätzliches Band drapieren.

So wird's gemacht

Die Streifen sollten auf jeder Tischseite etwa 40 Zentimeter herabhängen. Die Tischbreite bzw. den Durchmesser ausmessen und 84 Zentimeter dazurechnen. Ist die Stoffbreite nicht lang genug für eine Streifenlänge, diese Länge als Stoffmaß hernehmen. Aus 90 Zentimeter breitem Stoff können dann zwei Tischbänder in beliebiger Länge genäht werden.

Die Tischbänder an den Außenkanten zweimal jeweils 1 Zentimeter auf die linke Stoffseite bügeln und diese schmalkantig aufsteppen. Die Bänder nebeneinander mit etwas Abstand auf den Tisch legen.

Für quadratische oder runde Tische die Mitte der Tischbänder an beiden Längskanten markieren, von da aus nach beiden Richtungen die Hälfte der Bandbreite anzeichnen. Über Kreuz mit den Markierungen aufeinander auf den Tisch legen.

5 bis 8 Zentimeter lange Ästchen vom Buchs abschneiden. Mit der Heißklebepistole an der Spitze der Kegel beginnend, die Ästchen nebeneinander von oben nach unten aufkleben. Die Kugelkette an der Spitze mit Heißkleber fixieren und anschließend spiralförmig um den Kegel nach unten wickeln.

Aus Resten der karierten Stoffe mit der Zackenschere 5 Zentimeter breite und etwa 1 Meter lange Streifen schneiden. Mehrmals um das untere Ende der Buchskegel wickeln und dekorativ verknoten. Die Kegel auf die Tischmitte stellen, dazwischen Buchszweige und Kerzen anordnen.

Eine zusätzliche Zierde erhalten Sie, wenn Sie bei eckigen Tischen die Tischbänder in der Mitte mit Schleifen zusammenbinden. Dafür an beide Seiten über die Markierungen ein etwa 50 Zentimeter langes Satinband nähen.

Bei ovalen Tischen die Bänder mittig auf den Tisch legen. Die Schnittpunkte der Bänder an den Seitenkanten markieren, an diesen Stellen jeweils ein 50 Zentimeter langes Satinband annähen.

Sehr einladend und viel versprechend wirkt diese originelle Tischdekoration in der Adventszeit.

Barocker Adventskalender

Das brauchen Sie

- Alter Rahmen vom Flohmarkt, ca. 50 x 60 cm groß
- Drahtbürste
- Acryllack in Gold von DEKA
- 50 x 60 cm starker weißer Karton
- 60 x 70 cm Tüll mit Sternchen
- Krepppapier in Gold und Silber
- Je 2 Rollen Gold- und Silbergeschenkband
- 5 Pinnwandnadeln
- 1 Packung weiße Federn
- Starkes Klebeband

Der vergoldete Rahmen wirkt üppig und schwer, die Federn in den Gold- und Silberpäckchen verleihen dem Arrangement Leichtigkeit.

So wird's gemacht

Den Rahmen mit der Drahtbürste von altem Lack säubern. Mit goldenem Acryllack streichen. Aus dem Karton eine passende Einlage schneiden. Auf die Vorderseite Tüll legen, der auf der Rückseite mit Klebeband fixiert wird. Karton im Rahmen mit Klebeband befestigen. Päckchen in Gold und Silber packen und mit Geschenkband umwickeln, Federn einstecken. Je 4 oder 5 Päckchen übereinander anordnen und zusammengefasst mit einer Pinnnadel am Rand befestigen. Bänder hängen lassen.

Edle Tischdekoration

Oft brauchen Sie nur ein paar originelle Ideen und etwas Talent zum Improvisieren, und schon zaubern Sie im Handumdrehen eine elegante Tischdekoration.

Das brauchen Sie

- Krepppapier in Weiß und Silber
- Leere WC-Papierrollen
- Weiße und silberne Geschenkbänder
- Äpfel aus Pappmaché
- Silbernes Engelshaar aus Kunststoff
- Versilberte Bastspirale
- Heißkleber
- Weiße Kugelkerzen
- Weiße Tischdecke
- Weißer Tüll mit Sternchen
- Silberfarbender Sprühlack

So wird's gemacht

Den Tisch mit einer weißen Decke oder einem Betttuch decken, darüber den Tüll legen. Mit weißem Porzellan und silber glänzendem Besteck decken.

Für die Christmas-Cracker kleine Geschenke in die Toiletten-Rollen stecken. Krepppapier 30 Zentimeter länger als die Rollen und mit doppeltem Umfang zuschneiden. Die Kanten mit der Zackenschere schneiden. Rollen umwickeln und mit Geschenkband zubinden. Für die Mitte kontrastfarbige Streifen mit der Zackenschere schneiden und aufkleben oder mit Geschenkband verzieren.

Die Pappäpfel silbern spritzen und mit einer silbernen Schale in die Mitte des Tisches stellen. Darum herum Engelshaar, die Spirale und die Kerzen verteilen.

Deko in Silber und Kupfer

Das brauchen Sie

- Je 2 Bogen Prägemetall in Kupfer und Silber
- Klemmkerzenhalter in Silber
- Weiße Kerzen
- Silberfaden
- Stopfnadel mit Spitze
- Bastelschere

Einen schönen, festlichen Kontrast bilden Silber und Kupfer zum kräftigen Grün frischer Tannenzweige. In einer Vase am Fenster kommen sie herrlich zur Geltung.

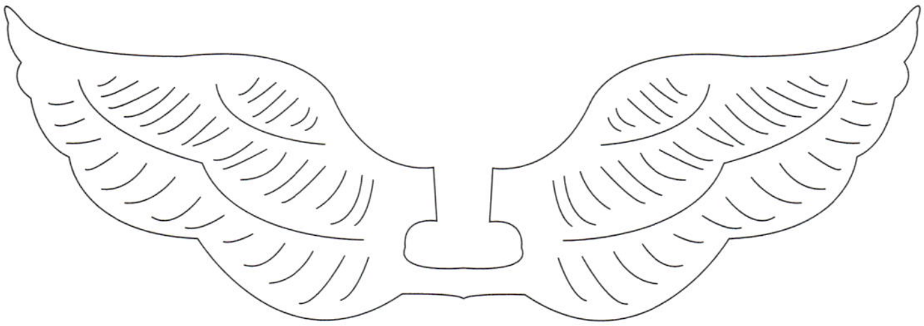

So wird's gemacht

Die Flügel mit dem Kopierer auf 20 Zentimeter Breite vergrößern, den Stern auf 10 Zentimeter Durchmesser.

Die Vorlagen ausschneiden. Prägefolie auf eine weiche Unterlage legen und die Motive mit den Innenzeichnungen und entlang der Konturen mit einem Kugelschreiber prägen. Flügel und Sterne ausschneiden.

Einen 20 Zentimeter langen Faden auf eine Nadel fädeln, jeweils durch die Spitze der Sterne ziehen und verknoten. Sterne in den Strauß hängen. Kerzenhalter auf die Zweige klemmen und den Halter für die Kerzen senkrecht ausrichten. Zwischen den Kerzenteller und die Klemme die Flügel mit dem Loch in der Mitte vorsichtig aufstecken. Kerzen hineinstecken.

Baum aus Zweigen

Das brauchen Sie

- 1 m Maschendraht
- Lichterkette mit 15 Lämpchen
- Kleine Vögel aus Glas zum Klemmen oder andere weihnachtliche Dekogegenstände
- 1 Bund Tannenzweige
- Astschere
- 70 cm langer Holzstab
- Drahtschere

Es muss nicht immer ein ganzer Baum sein, dieser hier ist aus einzelnen Ästchen gesteckt und lehnt oder hängt an der Wand.

So wird's gemacht

Zwei Dreiecke mit Fuß aus Maschendraht zuschneiden, die 50 Zentimeter breit und 60 Zentimeter hoch sind, der Fuß in der Mitte ist quadratisch mit 10 x 10 Zentimeter. Maschendraht aufeinander legen und die Außendrähte ineinander biegen und verdrehen, sodass eine Hülle in Form eines Baumes entsteht.

Den Stab von der Spitze bis zum Fuß durch das hintere Drahtgeflecht fädeln, er stabilisiert das Bäumchen, wenn es aufgestellt wird.

10 bis 15 Zentimeter lange Ästchen von den Tannenzweigen abschneiden und von oben nach unten in das Geflecht stecken, dabei den Draht etwas auseinander ziehen. Die Enden der Ästchen liegen zwischen den beiden Drahtgittern. Die Lichterkette von hinten durch das Drahtgeflecht und die Äste gleichmäßig über den Baum verteilt durchstecken. Schillernde Vögel mit Federschwänzen auf den Ästen aufklemmen.

Natürlich können Sie das Bäumchen mit jeder Art von Weihnachtsschmuck verzieren. Eine witzige Idee für Kinder sind Zuckerstangen, in Klarsichtfolie verpackte Lutscher, kleine farbige Bonbons und bunte Satinschleifen.

Mooskränze für Kerzen

Schlicht und einfach sind diese vier Kerzen, die den Adventskranz ersetzen. Sie können sie aber auch als Blickfang auf den Tisch stellen.

So wird's gemacht

Das Moos in kleinen Büscheln um den Ring legen und mit dem Bindedraht umwickeln. Den Ring dicht mit dem Moos bedecken. Die Styroporkränze mit Heißkleber auf eine Kartonscheibe kleben; die Scheibe soll nicht sichtbar sein. In die Mitte der Scheiben die Kerzen stellen.

Das brauchen Sie

- 4 Styroporringe mit 15 cm Außendurchmesser
- 1 Beutel Islandmoos in Grün
- Dünner Bindedraht
- 4 dicke Kerzen
- 4 Kartonscheiben
- Heißkleber

Der himmlische Tipp

Sie können die Kränze auch ohne Kartonscheiben basteln. Dann müssen Sie darauf achten, dass die Kerzen nicht tropfen und den Tisch verunreinigen. Das Moos bleibt grün, so können Sie die Kränze auch zur Osterzeit als Nest verwenden.

Kranz mit Stoffblättern

Das brauchen Sie

- Insgesamt 0,90 m verschieden gemusterte Baumwollstoffe in Rot-, Grün- und Blautönen, 140 cm breit
- Weidenkranz mit 28 cm Durchmesser
- Nähfaden
- Schere
- Heißkleber
- 0,80 m rotes Geschenkband mit Drahtverstärkung, 7 cm breit
- Schreibpapier
- Lineal

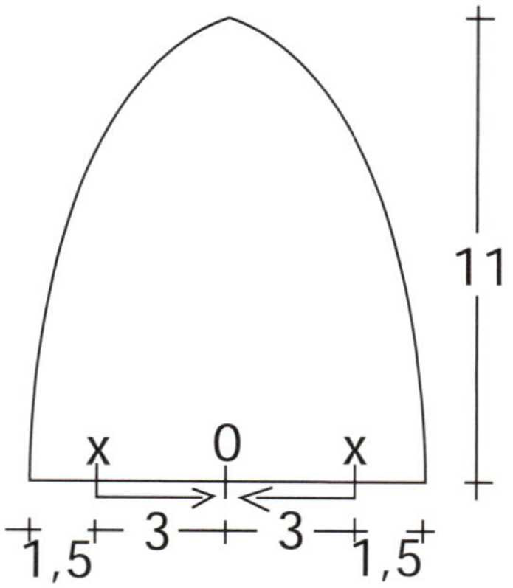

Dieser Kranz mit den unverwüstlichen Stoffblättern überlebt bestimmt mehrere Jahre. Hängen Sie ihn ans Fensterkreuz oder den Hauseingang.

So wird's gemacht

Das Blatt auf Papier nach unten stehenden Maßen aufzeichnen und ausschneiden. Aus verschiedenen Stoffen insgesamt 100 Blätter ausschneiden, dafür am besten mehrere Lagen Stoff übereinander legen. Je zwei Blätter rechts auf rechts legen und entlang der gebogenen Kanten 1 Zentimeter breit nähen. Blätter wenden und bügeln. Am unteren Rand eine Kellerfalte x auf 0 legen und feststeppen.

Die Blätter dachziegelartig mit Heißkleber rundum auf dem Kranz festkleben. Mit der Schleife in der unteren Mitte dekorieren.

Korb mit Girlande

Ein gesundes und dekoratives Geschenk in der Weihnachtszeit ist sicher immer willkommen, denn Süßigkeiten gibt es überall genug.

So wird's gemacht

Die Äste der Thujen, der Tannen und des Buchses in 5 Zentimeter lange Zweige zurechtschneiden. Kleine Büschel der verschiedenen Sorten abwechselnd um das Seil legen und mit dem Draht umwickeln. Die nachfolgenden Buchs- und Nadelbündel schuppenartig auflegen und immer wieder mit dem Draht umwickeln, bis das Seil vollständig bedeckt ist.

Nun mit kurzen Drahtstücken die Girlande an mehreren Stellen am Korbrand befestigen. Am Henkel beidseitig eine karierte Schleife binden.

Mit Äpfeln oder gemischtem Obst füllen.

Das brauchen Sie

- Kleiner Korb
- Thujen-, Tannen- und Buchszweige
- Dickes Seil in der Länge des Korbumfangs
- Bindedraht
- 1,20 m kariertes Schleifenband, 5 cm breit
- Obst zum Füllen

Kerzenstäbe mit Sternen

Das brauchen Sie

- 3 Holzreste, 15 x 23 cm groß, ca. 20 mm dick
- 3 Rundhölzer mit 0,8 cm Durchmesser, 60 cm lang
- 3 Holzschrauben
- 3 lange Nägel
- Stichsäge
- Schleifpapier
- Acryllack in Weiß von DEKA
- Schraubendreher

In einer windgeschützten Ecke auf der Terrasse oder dem Balkon leuchten die Kerzen auf Topfsteckern in Sternform. Ein Strohbär wird mit roter Mütze und Sack zum Nikolaus.

So wird's gemacht

Die Vorlage mit dem Kopierer auf 23 Zentimeter Länge vergrößern. Ausschneiden und auf die Holzreste aufzeichnen. Mit der Stichsäge aussägen und die Kanten glatt schleifen. Sterne und Stäbe weiß lackieren, an den Kanten den Lack nach dem Trocknen leicht anschleifen. Durch den Mittelpunkt der Sterne von unten einen Nagel als Dorn für die Kerzen durchschlagen. Leicht versetzt daneben von oben den Stab mit den Schrauben fixieren.

Duftender Fensterkranz

Es wäre schade, den Kranz außen aufzuhängen, da die Bienenwaben durch die Zimmerwärme einen intensiven Duft verströmen.

So wird's gemacht

Aus den Bienenwaben mit den Förmchen die Anhänger ausstechen. Etwa 20 Zentimeter lange Goldfäden einfädeln, und die Motive mit der Nadel durchstechen. Das Reisig des Kranzes leicht auseinander ziehen.

Nadel mit dem aufgefädelten Wabenmotiv durch das Reisig stechen und die Enden verknoten.

Eine edlere Variante erhalten Sie, wenn Sie den Kranz mit Goldspray spritzen, dabei sollten die braunen Ästchen aber noch teilweise zu sehen sein. Die Wabenmotive mehrmals locker mit Bouillondraht umwickeln und verknoten. Die Drahtenden durch das Reisig stecken und knoten.

Das brauchen Sie

- 4 Bögen Bienenwaben
- Ausstechförmchen in Blatt- und Sternform
- Dicker Goldfaden
- Dicke Stopfnadel
- Reisigkranz

Der himmlische Tipp

Die ausgestochenen Waben lassen sich auch gut als Geschenkanhänger verwenden. Schneiden Sie einen Karton etwas größer als die Ausstechform, und knipsen Sie ein Loch zum Aufhängen hinein. Die Wabenform so darüber legen, dass rundum ein gleich breiter Rand entsteht. Mit dünnem Golddraht oder Bouillondraht die Wabe auf dem Karton mehrmals umwickeln. Auf die Rückseite den Namen schreiben und an das Geschenk hängen.

Adventskerzen mit Kugeln

Das brauchen Sie

Adventskerzen

- 2 kg Kerzenwachs zum Gießen
- 4 leere Tetrapacks von Milch oder Saft
- Wachspigmente in Pink
- Kerzendocht
- 4 kleine Muttern
- 4 Zahnstocher
- Dicke Silberschnur
- Rest Prägemetall in Silber
- 1 alter Topf
- Bastelschere

Silberkugeln

- Styroporkugeln
- Styroporkleber
- Paketschnur
- Silberfarbener Acryllack von DEKA

Diese Kerzen gehen mit der Zeit, denn wenn die vierte Kerze angezündet wird, haben die anderen ungefähr die gleiche Höhe.

So wird's gemacht

Adventskerzen

Die Tetrapacks auf 16, 13, 10 und 8 Zentimeter Höhe abschneiden. An das untere Ende eines Kerzendochtes eine Mutter zum Beschweren einknoten, das obere Ende in passender Länge um einen Zahnstocher binden. Zahnstocher so auf den Tetrapack legen, dass der Docht in der Mitte hängt. Alle vier Gießformen so vorbereiten.

Zwei Drittel der Wachsplättchen schmelzen und die Wachspigmente darin auflösen lassen. Den ersten Tetrapack damit ausgießen. Von den übrigen Wachsplättchen ein Drittel in das geschmolzene Wachs geben, schmelzen lassen und die zweite Kerze gießen. So weiterarbeiten, bis die letzte Kerze gegossen ist. Durch das Hinzufügen der Plättchen verändert sich der Farbton von Dunkel- nach Hellrosa.

Nach dem Erkalten die Tetrapacks aufschneiden und die Kerzen vorsichtig herauslösen. Auf Prägemetall die Zahlen 1 bis 4 aufzeichnen und ausschneiden. Mit noch weichem Kerzenwachs auf die Kerzen kleben. Mit dicker Silberschnur umwickeln und verknoten.

Silberkugeln

Die Styroporkugeln einmal rundum mit Spezialkleber bestreichen. Die Paketschnur damit aufkleben und in Wicklungen nach einer Seite fortfahren. Von der Mitte aus wieder Kleber auftragen und die andere Kugelhälfte umwickeln. Ist der Kleber trocken, die Kugeln rundum mit silbernem Acryllack streichen.

Die Kugeln als Dekoration zwischen die rosafarbenen Kerzen legen.

Stellen Sie die Kerzen auf einen flachen, silberfarbenen Teller, oder bekleben Sie eine stärkere Kartonscheibe mit Silberfolie. Um die Kerzen herum entweder Dekoschnee aufstreuen, Sie können aber auch weiß besprühte, kleine Tannenzweige dazwischen legen. Zwischen den Kerzen und den Zweigen die Silberkugeln arrangieren.

Wie verschnürte Päckchen wirken die Adventskerzen, die unterschiedlich groß sind und sich damit im Verlauf der Adventswochen in der Höhe angleichen.

KARTEN UND VERPACKUNGEN

Japanpapier mit Gold

Das brauchen Sie

- Japanpapier in Weiß und Blau
- Anlegemittel
- Schlagmetall in Silber
- Dünner und dicker Pinsel
- Moosgummi
- Weinkorken
- Goldene Plakafarbe von DEKA
- Weißer Karton
- Silberglimmer in der Tube
- Dünner Golddraht
- Schleifen und Kordel

Der Aufwand für das bedruckte und bemalte Papier ist nicht besonders groß, und die Stempel für die Sterne können Sie immer wieder verwenden.

So wird's gemacht

Blaues Papier mit Punkten

Mit dem dicken Pinsel Anlegemittel wie große Kleckse auf das Papier auftragen. Leicht antrocknen lassen und das Schlagmetall mit den Fingerkuppen auflegen.

Blaues Papier mit Spritzern

Anlegemittel mit einem dünnen Pinsel über das Papier spritzen. Leicht antrocknen lassen und Schlagmetall mit den Fingerkuppen auflegen; mit einem dicken trockenen Pinsel verteilen.

Weißes Papier mit Sternen

Stern mit dem Kopierer auf die gewünschte Größe vergrößern und ausschneiden. Form auf dicken Moosgummi aufzeichnen und ausschneiden. Als Halter einen Weinkorken mittig aufkleben.

Goldene Plakafarbe auf einen flachen Teller geben, Stempel eintauchen und wiederholt auf dem weißen Papier aufstempeln. Ist die Farbe trocken, die Spiralform unter das Papier und die Sterne legen und mit Silberglimmer aus der Tube durchzeichnen. Zwischen die Sterne große und kleine Punkte setzen.

Auf dem weißen Karton dicht nebeneinander Sterne aufstempeln. Diese nach dem Trocknen ausschneiden. Sterne mit Golddraht verbinden, in die Schleife der Geschenkverpackung einknoten.

Weißes Papier mit Karo

Das Japanpapier in 1,5 Zentimeter breite Ziehharmonikafalten legen. Mit einem dicken Pinsel goldene Farbe aufnehmen und die Bruchkanten der Falten mit der Farbe bestreichen. Nach dem Trocknen Papier von links bügeln und im rechten Winkel zu den vorherigen Falten eine Ziehharmonika falten. Bruchkanten mit Farbe bestreichen. Nach dem Trocknen bügeln.

Das Päckchen mit einem weißen Fächer, einer doppelten Schleife aus goldenem Band und Kordel verzieren.

Das Karopäckchen ist mit einem Fächer, einer doppelten Goldschleife und einer goldenen Kordel verziert; das blaue Paket ist mit einer doppelten Goldkordel eingefasst.

3-D-Verpackung in Weiß

Das brauchen Sie

- Weißes Geschenkpapier
- Langes Lineal
- Bleistift
- Cutter
- Schneidunterlage
- Kleber

Sehr edel wirkt diese Verpackung ganz in Weiß. Es muss schon ein ganz besonderes Geschenk sein, denn das Schneiden erfordert etwas mehr Zeitaufwand.

So wird's gemacht

Dreieckige Ausschnitte
Von der Unterkante aus eine waagrechte Linie mit 1 Zentimeter Abstand und die nächste mit 4 Zentimeter Abstand zu dieser ziehen. Jeweils ein 1 Zentimeter hohes und mit 0,5 Zentimeter Abstand darüber ein 1,5 Zentimeter hohes Dreieck bis zur waagrechten Linie aufzeichnen. Die nächsten Dreiecke mit 5 Zentimeter Abstand zu den Ecken auf derselben Linie aufzeichnen. Die Dreiecke auf der zweiten Linie versetzt zu den unteren aufzeichnen.

Die Schrägen der Dreiecke jeweils bis zur waagrechten Linie aufschneiden. Dreiecke herausbiegen und das Päckchen einwickeln. Aus einem langen Papierstreifen Schlaufen legen. An der Unterkante knicken und am Knick zusammenkleben. Auf das Päckchen kleben.

Kreuzförmige Einschnitte
Die Seiten der Geschenkschachtel nebeneinander auf die Rückseite des Geschenkpapiers aufzeichnen. Ein 1,5-Zentimeter-Raster innerhalb der Markierungen für die Seitenflächen aufzeichnen. Jedes zweite Karo in der ersten Reihe diagonal über Kreuz einschneiden, die zweite Reihe auslassen, in der dritten Reihe versetzt zur ersten jedes zweite Karo diagonal über Kreuz einschneiden. So weiterarbeiten, bis das benötigte Papier eingeschnitten ist. Die Dreiecke auf die rechte Seite herausbiegen. Einen 10 Zentimeter breiten und 30 Zentimeter langen Streifen dicht nebeneinander einschneiden und zur Quaste wickeln. Auf dem Päckchen festkleben.

Quadratische Einschnitte
Ein 3-Zentimeter-Raster auf die Rückseite des Papiers zeichnen. In der ersten Reihe jedes zweite Quadrat an drei Seiten herausschneiden, die nächste Reihe auslassen und in der dritten Reihe wieder jedes zweite Quadrat versetzt zu den vorherigen ausschneiden. Das Päckchen mit einer weißen Schleife verzieren.

Der himmlische Tipp

Diese Art der Verpackung ist auch für ein Hochzeitsgeschenk gut geeignet. Verzieren Sie die Schleife zusätzlich mit weißem Tüll und zwei weißen Täubchen.

Auch aus einfachem weißem Papier lässt sich mit etwas Geschick eine wirkungsvolle Geschenkverpackung herstellen.

Päckchen mit Seidenpapier

Das brauchen Sie

- Seidenpapier in verschiedenen Farben
- Sprühkleber
- Satinband
- Dünner Draht
- Papierkleber
- Transparentes Klebeband

Auch Kindergeschenke kann man mit wenigen Mitteln farbenfroh verpacken; mit Klebstoff und Seidenpapier sind sie im Handumdrehen fertig.

So wird's gemacht

Die Schachteln mit doppellagigem gelben oder roten Seidenpapier verpacken. Scheint der Untergrund immer noch durch, vorher mit weißem Papier einwickeln.

Aus türkisfarbenem Papier einen breiten Streifen abreißen und mit Sprühkleber auf den unteren Teil des gelben Päckchens rundum aufkleben. Einen etwa 5 Zentimeter breiten grünen Streifen zerknittern, leicht auseinander ziehen und mit einer Klebelinie über dem Päckchen fixieren.

Auf das rote Päckchen unregelmäßig gerissene Flecken aus violettem und türkisfarbenem Seidenpapier mit Sprühkleber aufkleben. Einen türkisfarbenen Streifen mehrmals längs falten und um das Päckchen kleben. Aus einem weiteren Streifen eine Schleife legen, diese in der Mitte mit Draht zusammenfassen und den Knoten auf den türkisfarbenen Streifen kleben.

Für den Beutel die Kanten von türkisfarbenem und violettem Seidenpapier als Quadrat reißen. Beide Papiere versetzt übereinander legen, das Geschenk in die Mitte stellen und die Papiere über dem Geschenk mit einer schmalen Satinschleife zusammenbinden. Papier so auseinander ziehen, dass sich die Papierlagen bauschen und überlappen.

Ländliches Filzgeschenk

Man muss nicht auf dem Land wohnen, um Geschenke in Filz zu verpacken. Diese Idee sollte sich eher an den Vorlieben des Empfängers orientieren.

So wird's gemacht

Geschenk
Das Geschenk in grauen Filz einpacken. Einen 6 Zentimeter breiten Streifen aus beigem Filz mit der Zackenschere schneiden und diesen einmal um die lange Seite des Päckchens wickeln. Die Enden auf der Unterseite zusammenkleben. Darüber einen 2 Zentimeter breiten grünen Streifen aufkleben, der außerdem über die schmale Seite des Geschenks gelegt und auf der Rückseite verklebt wird. Aus rotem Filz einen 3 Zentimeter breiten und 50 Zentimeter langen Streifen schneiden. Diesen in der Mitte mit der Hand festhalten, das linke und das rechte Ende über Kreuz über die Mitte legen, sodass neben dem Kreuzungspunkt zwei ca. 7 Zentimeter breite Schlaufen liegen. Mit einem kurzen Drahtstück den Kreuzungspunkt zusammengefasst zur Schleife binden, beide Drahtenden unter dem grünen Filzkreuz auf der Oberseite durchstecken und verdrehen. Die Streifenenden mit der Zackensschere abschneiden.

Karte
Für die Karte ein beiges 15 x 15 Zentimeter großes Quadrat schneiden, die Vorderkante mit der Zackenschere schneiden. Diese Kante mit 1 Zentimeter Abstand zur Kartenkante aufkleben, den übrigen Filz um die Karte legen und festkleben. Ein dunkelgrünes Dreieck mit der Zackenschere schneiden und als Bäumchen mit grauem Quadrat als Stamm aufkleben.

Das brauchen Sie

- Grau melierter Filz
- Filzreste in Beige, Rot und Grün
- Rote Klappkarte in DIN A5
- Stoff- oder Papierkleber
- Zackenschere
- Schere
- Dünner Draht

Päckchen aus Karton

Schlicht, aber dennoch wirkungsvoll sind die ineinander gesteckten Verpackungen aus glänzendem oder gewelltem Karton.

Das brauchen Sie

- Mikrowellkarton in Rot und Blau
- Chromoluxkarton in Silber
- Langes Lineal
- Zirkel
- Cutter
- evtl. Kreisschablone

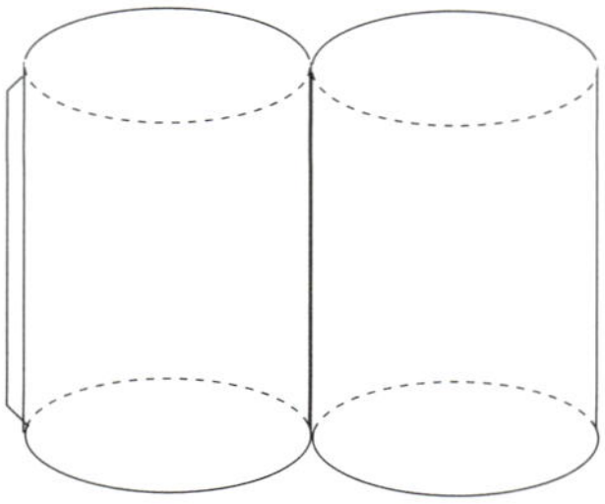

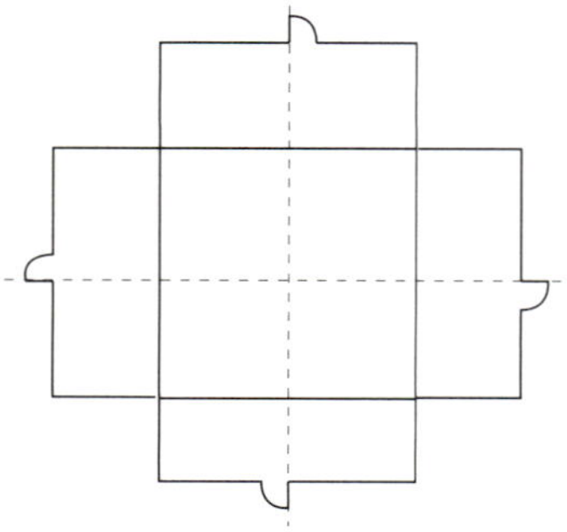

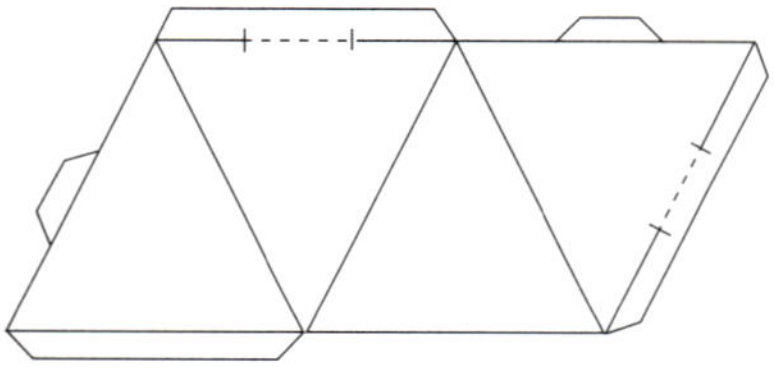

So wird's gemacht

Die Schemazeichnungen in beliebiger Größe auf die Rückseite des Kartons übertragen; bei den Dreiecken beachten, dass die Kanten gleich lang sind. Die Bruchkanten der Innenseiten mit dem Cutter anritzen und die Kartons falten. Die Klebelasche der ovalen Verpackung kleben; die Ovale aufeinander klappen.

Die quadratische Verpackung schließen, indem die Stecklasche des zweiten Seitenteils unter die erste, die des dritten unter die zweite und die des vierten unter die erste gesteckt wird.

Für die Pyramide die gestrichelten Linien der Dreiecke einschneiden, die Pyramide falten und die Laschen in die Einschnitte der seitlichen Kanten stecken.

Gestempelte Karten

Eine größere Zahl an Karten für Ihre Weihnachtswünsche können Sie rasch mit Stempeln aus Moosgummi anfertigen, die sich immer wieder verwenden lassen.

So wird's gemacht

Aus dem Karton für die Karten vier je 44 x 22 Zentimeter große Rechtecke schneiden. Diese quer in der Mitte leicht anritzen und falten.

Drei je 22 Zentimeter große Quadrate aus Moosgummi schneiden. Auf einem Quadrat den großen, die kleinen Sterne und den Rand aufzeichnen und herausschneiden. Die heausgeschnittenen Sterne und den Rand auf ein Moosgummiquadrat wieder aufkleben; dabei das Quadrat, aus dem sie ausgeschnitten wurden, als Schablone auflegen. Schablone nach dem Kleben abheben und auf das dritte Moosgummiquadrat aufkleben. Dies ist der Stempel für die beiden hinteren Karten.

Stempelflächen mit Farbe einstreichen und auf die Karten aufstempeln. Nach dem Trocknen der Farbe mit dem Glitter die Konturen nachmalen und Punkte aufsetzen.

Das brauchen Sie

- 2 Bögen dicker Moosgummi in DIN A4
- Flachpinsel
- Cutter
- Schere
- Papierkleber
- Plakafarben von DEKA in Rot, Blau und Schwarz
- 1 Bogen cremefarbener Karton in DIN A3
- Lineal
- Roter, silberner und blauer Glitter aus der Tube
- Dünner Filzstift

Karten mit Weihnachtsduft

Das brauchen Sie

- Klappkarten in verschiedenen Farben
- Mikrowellkarton in Natur, Gelb und Rot gestreift
- Reste von blauem, grünem, rotem und naturfarbenem Recycling- oder Japanpapier
- Grüne und naturfarbene Jute
- Kleine Holzsternchen
- Getrocknete Orangen- und Apfelscheiben
- Nelken, Sternanis und Wacholderbeeren
- Karierte Schleife
- Bouillondraht
- Naturbast
- Locher
- Spitze Stopfnadel
- Heißkleber und Papierkleber

Die Aromen von Weihnachtsgebäck verbreiten Sie mit diesen Weihnachtskarten aus getrockneten Orangen- und Apfelscheiben mit Anis und Nelken.

So wird's gemacht

Karte mit Stern
Den Stern am Kopierer vergrößern und aus rotem Naturpapier ausschneiden. Einen Streifen grünen Japanpapiers grob reißen und quer auf die Karte kleben, den Stern darüber kleben. Bast einfädeln und mit zwei Löchern durch den Stern ziehen. Die Orangenscheibe aufkleben, Sternanis darüber legen und den Bast darüber verknoten. Eine Einlage aus beigem Japanpapier in passender Größe zuschneiden und in die Karte stecken; um den Bruch mehrere Bastfäden knoten.

Karte mit Mond
In die Mondkarte mit dem Locher ein Loch in den Bruch knipsen, mehrere Bastfäden durchziehen und verknoten. Zwei Flecken aus beigem und blauem Japanpapier grob reißen und aufkleben. Die zwei Holzsternchen mit einem etwa 8 Zentimeter langen roten Bast verbinden. Den Mond entsprechend groß aus gelbem Mikrowellkarton ausschneiden. Die Sternchen in unregelmäßigen Abständen über die Sichelspitze hängen und den Mond aufkleben.

Karte mit Baum
Ein unregelmäßiges Bäumchen, das fast so hoch wie die Karte ist, auf die Rückseite von Mikrowellkarton aufzeichnen und ausschneiden. Auf naturfarbenen, ausgefransten Rupfen als Untergrund einen blauen gerissenen Hintergrund aus Japanpapier aufkleben. Um die Mitte von Sternanis mehrfach über Kreuz Bouillondraht wickeln. Diese als Sterne neben das Bäumchen kleben.

Karte mit Äpfeln
Eine Karte auf der Vorderseite mit rotgestreiftem Mikrowellkarton bekleben und darüber einen grünen Rupfenflecken fixieren. Zwei getrocknete Apfel- und eine Orangenscheibe aufkleben. Darüber eine karierte Schleife festkleben. Wacholderbeeren und Nelken auf und neben Früchten mit Heißkleber fixieren.

Die aromatischen Zutaten finden Sie im Haushalt, alles Übrige besteht aus Papier und Bändern aus der Restekiste.

Originelle 3-D-Karten

Das brauchen Sie

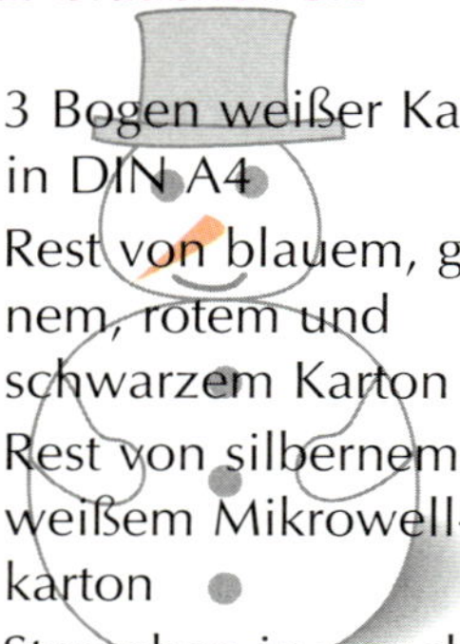

- 3 Bogen weißer Karton in DIN A4
- Rest von blauem, goldenem, rotem und schwarzem Karton
- Rest von silbernem und weißem Mikrowellkarton
- Sternchen in verschiedenen Größen aus Goldfolie
- Rest von starker Transparentfolie
- Rest Depavit
- Goldkordel und Goldquaste
- Stecknadel
- Goldstift

Dreidimensionale Karten sind immer faszinierend und mit ganz einfachen Mitteln immer wieder neu zu gestalten.

So wird's gemacht

Nikolauskarte
Einen Din-A4-Karton mittig anritzen und falten. Den Nikolaus auf dem Kopierer vergrößern und aus rotem Karton ausschneiden. Die Füße aus schwarzem Karton dahinter-, den Bart aus weißem Karton mit dem aufgemalten Gesicht daraufkleben. Die Füße an der Klebelasche nach hinten knicken, mit 3 Zentimeter Abstand vor die Faltkante der aufgeklappten Karte kleben.

Verschieden große weiße Dreiecke mit Stamm und Klebelasche aus weißem Karton für die Bäumchen schneiden und versetzt vor die Faltkante neben den Nikolaus kleben. 0,5 Zentimeter breite Kartonstreifen schneiden. Für jeden Baum und den Nikolaus den Abstand zur Faltkante ausmessen, in dieser Länge plus zweimal 0,5 Zentimeter für die Klebelaschen die Abstandshalter aus den Streifen zurechtschneiden. Die Klebelaschen an den Enden falten, eine Lasche auf die Rückseite der Bäumchen und vom Nikolaus kleben, das andere Ende waagrecht nach hinten auf der senkrecht aufgestellten Karte fixieren. Sterne aus weißem Mikrowellkarton auf beide Kartenhälften kleben.

Sternkarte
Ein 14 x 14 Zentimeter großes schwarzes Quadrat und jeweils ein 14 x 15 Zentimeter großes Rechteck aus blauem und weißem Karton schneiden. An der 15 Zentimeter langen Seite die Faltkante 1 Zentimeter breit für die Klebelasche anritzen. Auf der gegenüberliegenden Kante die Mitte markieren. Die Mittelmarkierung mit den Endpunkten der Faltkanten verbinden. Die Kanten des Dreiecks ausschneiden. Die Klebelaschen auf den gegenüberliegenden Kanten des schwarzen Quadrats auf der Rückseite festkleben, die Dreiecke übereinander legen. Den Mittelpunkt des Quadrats mit einer Stecknadel auf die beiden Dreiecke übertragen. Auf den schwarzen Mittelpunkt einen goldenen Stern mit herausgeschnittenem Innern aufkleben, aus

dem blauen Dreieck den nächstgrößeren Stern und aus dem weißen Dreieck den größten Stern ausschneiden. Auf weißen Karton mit Goldstift Punkte malen. In Höhe der weißen Spitze durch alle Kartons ein Loch stanzen. Die Kordeln durchziehen.

Mondkarte

Aus der weißen Karte ein quadratisches Sichtfenster herausschneiden, dieses mit Folie hinterkleben. Darauf einen silbernen Mond mit Quaste aufkleben. Aus einem Depavitquadrat noch einmal das Sichtfenster ausschneiden, dieses mit blauem Karton hinterkleben. Auf den blauen Karton Foliensterne streuen und das Depavit bündig hinter das Folienfenster kleben. Neben dem Fenster verschieden große Sterne fixieren.

Edle Designerkarten

Das brauchen Sie

- Schwarzer und weißer Tonkarton
- Silberner, weißer und und goldener Mikrowellkarton
- Goldener Chromoluxkarton
- Goldene Foliensterne
- Goldstift
- Schwarzer Lackstift
- Schreibmaschinen-papier
- Transparentpapier
- Goldfaden
- Kleber
- Zirkel
- Cutter
- Lineal

Durch die Reduktion der Materialien, Farben und Formen entstehen edle Designerkarten, deren Umsetzung nur auf den ersten Blick schwierig erscheint.

So wird's gemacht

Gold-schwarze Sternenkarte

Mit dem Zirkel auf schwarzen und goldfarbenen Karton zwei gleichseitige Dreiecke aufzeichnen. Dafür einen Kreis mit 10 Zentimeter Radius ziehen, mit dem gleichen Radius in den Kreis einstechen und beidseitig zwei Schnittpunkte auf dem Kreis markieren. Diese drei Punkte zum Dreieck verbinden. Aus dem schwarzen Dreieck mittig ein Bäumchen aufzeichnen, die Mittelsenkrechte und die Unterkanten als Tür aufschneiden, die seitlichen Schrägen anritzen und nach außen aufklappen. Dahinter Schreibmaschinenpapier mit drei Sternen kleben, das schwarze Dreieck auf das goldene zum Stern kleben.

Klappkarte mit Ausschnitten

Aus schwarzem Karton und Schreibmaschinenpapier Rechtecke mit 14 x 20 Zentimeter schneiden, diese quer zur Mitte falten. Aus der schwarzen gefalteten Karte bis zum Bruch mittig einen halben Stern, an der oberen Kante eine Zacke und in der rechten unteren Ecke einen Viertel Stern aufzeichnen und herausschneiden. Die weiße Karte hineinstecken und am Bruch mit Goldfaden zusammenbinden. Mit Goldstift Spiralen, Wellenlinien und Geraden auf die weißen Ausschnitte aufmalen, den Stern auf dem schwarzen Karton mit Goldstift und Lineal dicht neben den Kanten umranden.

Quadratische Klappkarte

Auf eine quadratische weiße Klappkarte diagonal silbernen Mikrowellkarton aufkleben. Über der Diagonalen mittig einen sechseckigen Stern aufzeichnen. Die untere Hälfte herausschneiden und mit Transparentpapier hinterkleben, darauf Sternchen mit Goldstift aufzeichnen. Die zweite Hälfte des Sterns aus goldenem Mikrowellkarton ausschneiden und ergänzend zur ersten aufkleben.

Karte mit Baum
24 x 16 Zentimeter aus weißem Karton schneiden und quer falten. Auf der Vorderseite eine Schräge markieren, über dieser ein Fenster aufzeichnen und ausschneiden. Den Bereich über der Schräge mit einem 0,5 Zentimeter größeren Fenster auf weißen Mikrowellkarton, den unterhalb auf schwarzen Tonkarton mit Lacksternchen übertragen; Kartons ausschneiden und aufkleben.

Ein Bäumchen auf goldenen Chromolux aufzeichnen und in das Fenster kleben.

Aus Schwarz, Weiß und Gold in Verbindung mit dem Sternmotiv ergeben sich eine große Zahl an Variationen für Weihnachtskarten.

Kolorierte Embossingkarten

Das brauchen Sie

- Pastellfarbige Klappkarten in verschiedenen Größen
- Schablonierfolie
- Embossingstift oder Häkelnadel mittlerer Stärke
- Farbstifte in Pastelltönen

Zarte Farben kennzeichnen diese Karten, die mit der Embossingtechnik geprägt werden. Die Kolorierung sollte deshalb auch in Pastelltönen gehalten werden.

So wird's gemacht

Die Motive mit dem Kopierer auf die gewünschte Kartengröße vergrößern. Kopie auf Schablonierfolie aufkleben und mit dem Cutter herausschneiden.

Einen Glastisch von unten mit einer Lampe beleuchten und die Schablone darüber legen. (Als Ersatz für den Glastisch die Schablonen und Karten gegen ein Fenster halten.) Auf die Schablone die Kartenvorderseite seitenverkehrt auflegen. Den Prägestift mit leichtem Druck entlang der durchscheinenden Schablonenkanten führen. Die Karte abnehmen, nun erscheint auf der Vorderseite das Motiv reliefartig. Mit pastellfarbigen Farbstiften die Flächen kolorieren.

Bei der großen Karte sind die Kerzen- und Sternenschablone miteinander kombiniert, auf der grünen Karte sind die Sterne zusätzlich mit Farbstift umrandet.

Finden Sie an der Embossing-Technik Gefallen, dann sollten Sie sich einen Leuchtkasten zulegen. Sie erhalten diesen im Bastelgeschäft oder in Kaufhäusern in der Grafikabteilung.

Der himmlische Tipp

Die Schablonen können Sie auch mit wenig Farbe und einem Stupfpinsel ausstupfen. So lassen sich zwei verschiedene Techniken mit einer Schablone ausführen oder die Techniken auch miteinander kombinieren.